国际数字贸易探索与中国实践研究

蓝振峰 著

中国纺织出版社有限公司

内 容 提 要

本书首先通过梳理、总结数字贸易领域所开展的国际法律制度构建的主要内容及进展,剖析发达国家之间、发达国家与发展中国家之间在电子商务和数字贸易相关法律制度上的不同主张,探求不同观点背后的利益考量,基于新经济背景下的思考,阐明数字开放经济下我国贸易模式的重要意义,梳理了数字贸易的发展情况和特点。其次,介绍了数字贸易的多边合作以及数字贸易国际规则与国内外监管立法实践。最后,提出了怎样促进国际数字贸易的能力建设以及我国贸易模式的路径选择。

图书在版编目(CIP)数据

国际数字贸易探索与中国实践研究 / 蓝振峰著. ——
北京 : 中国纺织出版社有限公司, 2022.11
　　ISBN　978 - 7 - 5229 - 0001 - 8

　　Ⅰ. ①国…　Ⅱ. ①蓝…　Ⅲ. ①国际贸易—电子商务—
研究—中国　Ⅳ. ①F724.6

中国版本图书馆CIP数据核字(2022)第206293号

责任编辑:张　宏　　责任校对:高　涵　　责任印制:储志伟

中国纺织出版社有限公司出版发行
地址:北京市朝阳区百子湾东里 A407 号楼　邮政编码:100124
销售电话:010—67004422　传真:010—87155801
http://www.c - textilep.com
中国纺织出版社天猫旗舰店
官方微博 http://weibo.com/2119887771
北京虎彩文化传播有限公司印刷　各地新华书店经销
2022 年 11 月第 1 版第 1 次印刷
开本:710×1000　1/16　印张:11.875
字数:187 千字　定价:89.90 元

PREFACE 前言

在经济全球化的背景下,加强国家和地区之间的往来,不断推进国际数字贸易的深入发展,显然是顺势而为、因势而化之举。数字经济条件下弥合不平衡需要什么样的国际贸易政策?如何确立多边、区域层面的国际贸易规则导向和国内规则调整?数字技术进一步发展对国际贸易的影响程度如何?是否会造成新一轮的国家之间、国家内部地区之间的不平衡?需要通过什么样的政策调整这种不平衡?基于此,笔者编写了本书。

本书共七章,第一章概述了国际数字贸易的内涵及数字技术在贸易中的应用。第二章介绍了数字贸易的发展情况和特点。第三章主要介绍了国际贸易企业、国际贸易基本流程及贸易便利化与风险控制。第四章介绍了数字贸易的多边合作。第五章对数字贸易国际规则与国内外监管立法实践进行了讲述。第六章和第七章分别对促进国际数字贸易的能力建设以及我国贸易模式的路径选择作出了深刻阐述。

本书在编写过程中,吸纳了学界专家学者的相关研究成果,在此表示感谢。由于水平有限,尽管做了很多工作,但不足之处在所难免,恳请广大读者批评指正。

著 者
2022 年 7 月

CONTENTS 目录

第一章

国际数字贸易概述

第一节 数字技术

工业革命以来，人类社会经历了机械技术、模拟电子技术到数字技术的转变。

数字技术是利用计算机将传统信息资源转换为计算机能够识别的形式（以数字 0 和 1 组合的二进制代码记录，也称为位，表示字和图像），并通过计算机运算、加工、存储、传送、传播、还原的技术，在运算、存储等环节还要使用计算机对信息进行编码、压缩、解码。

数字技术从产生到发展经历了四个阶段。

第一阶段——1946—1957 年。在这一阶段，计算机使用的逻辑元件是电子管，存储器采用延迟线或磁鼓，软件主要使用机器语言（后期使用汇编语言），这个时期计算机体积大、功耗大、价格贵，因而主要用于军队、政府和其他组织。

第二阶段——1958—1964 年。在这一阶段，晶体管代替电子管，存储器采用磁芯代替延迟线或磁鼓，软件使用 Fortran、Cobol 等高级语言，已经出现机器内部的管理程序。这个时期计算机的体积变小，性能更为稳定。

第三阶段——1965—1975 年。在这一阶段，中小规模集成电路取代了晶体管，半导体存储器替代了磁芯存储器。在软件方面，操作系统替代管理程序，计算机进一步向小型化方向发展。

第四阶段——1976 年至今。在这一阶段，形成了通信、储存、信息处理和人工智能相结合的超级计算机。信息与通信技术（Information and Communications

Technologies，IGT）是指"通过电子手段来处理、储存和传递信息的相关一类的技术"。信息技术主要涉及信息处理，通信技术主要涉及信息传输。通信技术主要包含传输接入、网络交换、移动通信、无线通信、光通信、卫星通信、支撑管理、专网通信等技术。1976 年，就在美国将 ARPANET 与伦敦大学学院和挪威皇家雷达机构连接 3 年之后，英国女王伊丽莎白二世以用户名"HME2"向全球发了第一封电子邮件。这标志着新一代数字技术与通信技术形成了融合发展的态势。

计算、通信和信息处理技术结合推动了数字技术的迅速发展，其中，关键的是摩尔定律、吉尔德定律和信息数字化。

这个时期，数字技术需要的硬件是知识库机、推理机和智能接口等。知识库机具有大容量的知识存储机构和高速检索机构。推理机主要根据存储的知识进行判断、推理。智能接口需要处理如文字、声音、图像等各种信息。在软件方面，软件包括说明性语言（Lisp、Prolog 和 Hope 语言等）。这个时期的软件不再仅仅为了控制仪器或者执行某一个具体工作程序而编写，也不再仅仅被嵌入产品和生产系统。产品和服务借助互联网和其他网络服务，形成信息物理融合系统——成千上万被称为 App 的小型软件供人使用，这些软件可以实现几乎所有人们想到的功能。

从计算技术看，算法技术是数字技术的核心。算法技术是指一系列指令的集合。算法是为了解决特定问题而规定的一系列操作，包括各类机器学习算法、深度学习算法等，还包括数值计算算法和搜索算法，因而，算法无处不在。除了用一定的算法技术处理数据外，数字技术还需要看数据处理的速度，即算力，算力是为计算机计算哈希（Hash）函数输出的速度。

无论是从硬件看，还是从软件看，未来数字技术都在支撑算法和算力的进一步发展。一是计算机在硬件方面朝两个方向发展：一个方向是光电子元件、超导电子元件或生物电子元件将替代传统的电子元件；另一个方向是以生物芯片取代半导体硅片形成的集成电路，形成生物计算机。二是计算机的智能化发展趋势，智能及神经网络计算机根据大脑的工作模型设计研制神经网络计算机。模糊逻辑和多值处理计算机将实现用电子计算机判断模拟，更好地模仿人的思维活动。三是通信技术将进一步推动数字技术的发展。世界上出现了以光纤通信为主体，卫星通信、无线电通信为辅助的宽带化、数字化、个人化、智能化的通信网络技术。

量子信息科学代表了未来数字和信息技术的前沿,量子信息主要包括量子计算、量子通信和量子测量三大技术领域。量子计算以量子比特为基本单元,通过量子态的受控演化实现数据的存储计算,具有经典计算无法比拟的巨大信息携带和超强并行处理能力。量子通信利用微观粒子的量子叠加态或量子纠缠效应等进行信息或密钥传输,基于量子力学原理保证信息或密钥传输安全性,主要分为量子隐形传态和量子密钥分发两类。量子测量基于微观粒子系统及其量子态的精密测量,完成被测系统物理量的执行变换和信息输出,在测量精度、灵敏度和稳定性等方面与传统测量技术相比有明显优势。量子测量主要包括时间基准、惯性测量、重力测量、磁场测量和目标识别五个方向。然而,这三大技术领域仍然需要突破,从量子计算看,目前仍然处于技术验证和原理样机研制关键阶段;从量子通信技术看,量子隐形传态处于前沿研究阶段,没有进入实际应用阶段;从量子测量看,技术方向还不特别明朗。

量子信息科学主要包括量子信息科学(QIS)与量子技术、量子信息(QI)及其理论、量子计算(QC)及其应用、量子算法及其应用、量子位(量子计算器中的最小信息单位)与关联稳定性、量子纠错(QEC)、量子密码和量子传感器(包括纠缠和压缩)。

除了在量子保密通信领域外,美国在量子计算和量子传感领域全球领先。美国拥有顶尖的科学研究团队和与之相匹配的技术实现团队,在多个研究方向上正在引领全球技术的发展,并且,美国量子科技实施的主体一般都是企业。例如,谷歌已经开发出一个名为"Bristlecone"的72超导量子比特芯片;IBM即将实现50超导量子计算机的研发和制造;微软也在积极研发基于拓扑量子比特的量子计算机。不仅如此,这三家公司还推出了相应的量子计算软件开发工具,从硬件、软件两个方面共同推动量子计算的发展。

为了扩大在量子信息科学方面的领先优势,美国国家科学技术委员会专门制定了相关发展战略——量子信息科学国家战略概述。美国正努力做好七方面工作:一是以"科学第一"作为确定和解决重大挑战的手段;二是培养具备量子信息科学的未来专业人才;三是鼓励行业参与,为公私合作提供适当机制;四是为实现科技机遇提供必要的基础设施和机会;五是推动经济增长;六是维护国家安全;七是继续展开国际合作。

"量子信息科学国家战略概述"设想构建一个"美国量子联盟",与学术界和产业界就重大问题进行协调。(图1-1)美国能源部拨款2.18亿美元资助85个研究项目,主要用于量子科学的基础研究;美国国家科学基金会则提供3100万美元用于资助量子基础研究,为推进量子计算、量子保密通信提供支持,并用于培养下一代量子科学家、工程师和企业家等。

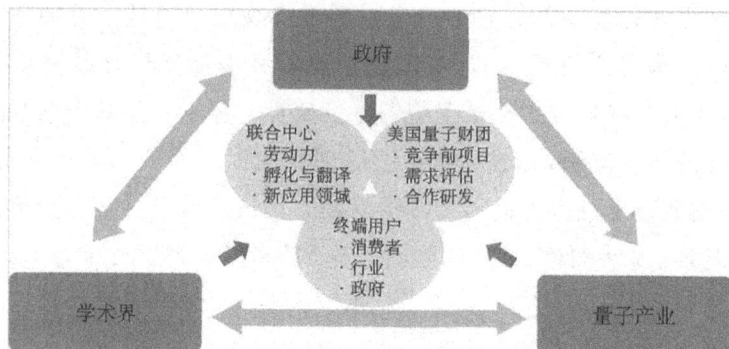

图1-1 美国在量子信息科学领域的产学研合作

"量子信息科学国家战略概述"的另一重要措施是确定研究和开发"急需的基础设施"(图1-2),允许联邦机构和利益相关者通过可用于快速推进量子技术开发的现有基础设施及用户测试平台设施,探索各自的使命。

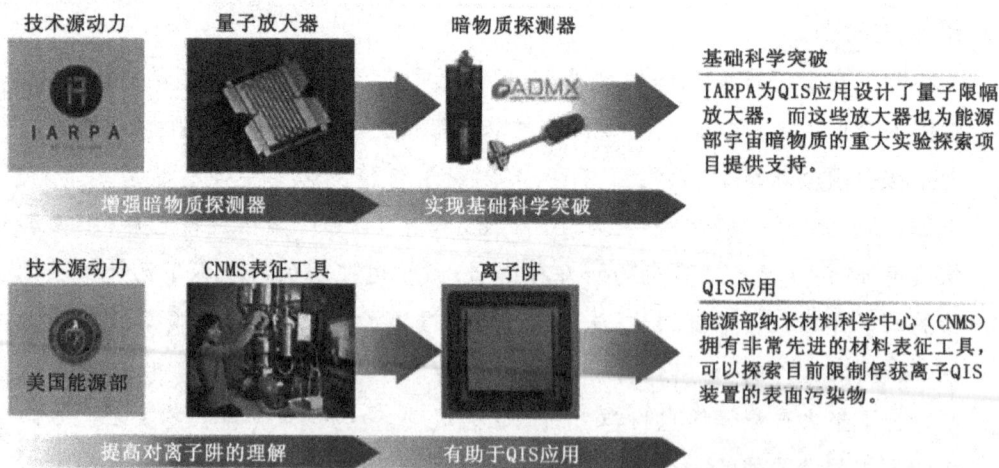

量子放大器:图片由加州大学伯克利分校提供;暗物质探测器:图片由劳伦斯·利弗摩尔国家实验室提供。
CNMS表征工具:图片由橡树岭国家实验室提供;离子阱:图片由麻省理工学院林肯实验室提供。

图1-2 量子信息科学中的基础设施

在未来,"量子科技的革命性发展,将极大地改变和提升人类获取、传输和处理信息的方式和能力,为未来信息社会的演进和发展提供强劲的动力。量子科技将与通信、计算和传感测量等信息学科相融合,形成全新的量子信息技术领域"。

第二节　国际贸易

经济开放是相对于经济封闭而言的,在经济全球化趋势下,经济开放已成为各国的主流选择。经济封闭,是指一国在经济活动中没有与国外的经济往来,如没有国际贸易或国际金融、劳动力的交流,仅仅存在国内的经济活动。而经济开放则是生产要素、商品与服务可以较自由地跨国界流动,从而实现最优资源配置和最高经济效率,其包括两个方面:一是本国经济以什么方式、程度和代价融入国际经济体系;二是本国经济允许别国经济渗透的方式和程度是什么。为量化分析需要,我们需要对国际贸易程度进行度量,采用可量化的指标来衡量经济开放程度。在衡量经济开放度的方法及指标问题上存在众多不同的观点,根据前人研究,本文衡量经济开放程度的指标主要包括:①对外贸易的GDP占比、对外融资的GDP占比和对外投资的GDP占比;②国际收支自主性交易项目的借方余额和贷方余额的GDP占比;③外贸依存度、价格差异、实际关税率以及外汇市场扭曲度;④贸易开放度和金融开放度的加权指数;⑤如关税税率和非关税壁垒覆盖率(以一国经济体制的开放性来判断经济的开放度);⑥国内的市场价格与国际的市场价格的比率或者名义汇率与实际汇率的比率;⑦采用综合测定指标体系,指标包括:平均关税税率、非关税覆盖面、官方汇率与黑市汇率差值等。

就中国30多年的经济开放历程而言,由于中国的汇率制度和外汇管理制度对资本开放限制较为严格,资本开放较少,中国经济开放主要表现在进出口经济活动上,而且用单一的对外贸易比率来衡量贸易政策的开放进而反映整个经济的开放程度显得简单而直观,至今仍被包括世界银行在内的许多研究机构和学者选取来衡量经济开放程度,因此,本文将采用进出口贸易总额的GDP占比来衡量中国经济开放程度。

第三节　数字技术在贸易中的应用

数字技术是指依托互联网为基础,以数字交换技术为手段,为供求双方提供互动所需的数字化电子信息,实现以数字化信息为贸易标的,创新的商业模式。

数字贸易,可以理解为通过联合运营模式,倡导企业以统一的技术标准搭建全球公共数字贸易平台,并以消费主权资本论调动消费者参与的主动性,平台不提供商品,通过供求双方互动电子信息通道达成数字化信息的高速交换,将数字化信息作为贸易标的,在完成商品服务交易时实现收益。

随着全球信息无限扩张,竞争日趋白热化,普通商品大量过剩,以及 5G 时代的来临,贸易通过网络的信息处理和数字交换达到减少流通渠道、直接面对用户的功效,这种产生更大价值的新型方式日益被企业青睐。数字贸易促进推广机构从仍然占绝大多数的传统贸易和新兴网上贸易中获得灵感,勾勒出一幅数字贸易的宏伟蓝图,成功解决了网上贸易下地难的难题,并在不断实践应用过程中得到证明。

21 世纪的互联网在中国高速发展,中国全面迎来数字新时代。

随着互联网络的广泛应用,数字贸易已经深入商业流程核心,其战略作用越来越突出。在信息时代和网络经济的驱使下,企业不得不考虑重塑新的商务运作模式。2006 年 3 月,数字贸易诞生,以 B-C-B 数字贸易模式,整合一切与民生息息相关的优秀商业资源,开创网商新时代。它的目标是成为全球数字贸易行业的倡导者,通过服务加强用户对数字贸易的归属感和依赖感,使数字贸易成为一种生活方式、生活优惠的代名词,最终获得用户终身商业价值的目标。

全球化与数字化逐步影响和遍及国民经济的各个部门及企业,首先受益的是国际贸易。没有大量的国际贸易活动,全球化就是空谈,数字化也将失去用武之地。全球化为国际贸易创造必要的、空前的有利条件,数字化为国际贸易提供了相应的、顺畅的基本手段。

展望未来,我国的数字贸易,从商品交流到引资、引质和"走出去",必将有进一步的持续增长。这是从外向化进展到真正的国际化,享受全球化的机遇,并以数字化为技术支撑。以数字化技术为核心的信息产业是各发达国家和某些发展中国家的第一产业,我国也不例外,不仅其经济总量已经超过机械、纺织、冶金等传统产业,而且其增长速度大大领先。近年来,在经济全球化进程加快的背景下,美欧两大经济体在各个领域内都展开了激烈的利益争夺,美欧间的贸易冲突不断发生,香蕉战、牛肉战、钢铁战此起彼伏。虽然由网络销售引发的美欧纠纷不如当年香蕉战、牛肉战、钢铁战那样影响巨大,但意义非同寻常。

因为当年那些冲突主要集中在传统贸易领域,而这次纠纷却是美欧在"数字贸易"方面的第一次短兵相接,冲突的象征意义远远大于其实际意义。

一、数字贸易平台

20 世纪 90 年代中期以来,电子商务以蓬勃之势迅猛发展,其交易额年年猛增。数字贸易企业运用电子商务直接缩短时空距离,降低交易成本,提高效率和效益,其结果是优化了贸易体制,简化了贸易流程,增加了贸易机会。其最大的特点是汇集众多公共数字贸易信息平台,因此,用户所拥有的信息资源是任何一个单一电子商务网站都无法比拟的。有关案例表明,运用数字贸易可以降低 40% 左右的成本,有的企业甚至达到 70%,因为这不同于传统采用纸质文件的方式,那要耗费大量的人力、物力来草拟、修改、确认和传递。

运用电子商务,使数字贸易真正面向和走向世界市场,可以建立全球性的营销网络。在国外,有人将电子商务称为"数字革命",其意义不亚于第二次"工业革命"。有专家认为,数字贸易就是现代信息技术以国际互联网为核心在商业上不同程度和不同层次的应用。特别是电脑及网络技术与现代通信技术日益融合,使人们忘记了传统时空的概念。各种力量协同运作加速了全球经济一体化的步伐,使全球商业运作方式迎接新的转型挑战,全球 24 小时不停运作、无边界、无障碍的新经济体系正在逐步形成。21 世纪,网商成为中国互联网的主角。对于企业而言,信息交流和信息交换成为商业运作的核心。无论是产品设计、产品生产、交易磋商、产品买卖,还是推销服务、质量控制,以及业务流程的设计,数字贸易已经影响全社会所有的企业和社会经济的各个领域。毫无疑问,数字贸易可以加快商业运作的节奏,缩短企业与客户之间的距离。然而,数字贸易的意义远不止于此,它将促进不同经济体系的融合,激活整合新的创造力,打开新的市场领域,创造企业协作与联合的新机制,甚至促使人们重新评估企业的组织结构,重新认识企业核心竞争力诸要素的构成。一句话,数字贸易不但改变了企业做生意的方式,而且从根本上改变了人们对原有商务概念的认识。

尽管当下全球已经逐渐进入数字贸易时代,但截至目前仍然没有一个针对数字贸易的统一定义。总体而言,不同的国家或国际组织对数字贸易的范围和定义各不相同。最狭隘的是将数字贸易定义为数字化产品的贸易,而更广泛的数字贸易定义似乎是利用数字技术(ICT)进行商业活动。同时,这些主体也不尽然都使用"数字贸易"这一新词汇,电子商务时常出现,笔者列举一些国家和组织对数字贸易的定义。

(一)WTO

WTO并没有采用"数字贸易"这种表述,而是采用"电子商务"这个概念,并将其定义为"通过电子方式生产、分销、营销、销售或交付货物和服务"。这一定义早在1998年第二次部长会议设立的"电子商务工作计划"中就被提出来,但随后近20年里该议题却未得到充分重视,直到近两年才又进入各成员国视野。

(二)美国国际贸易委员会

2013年7月,美国国际贸易委员会(United States International Trade Commission,USITC)在《美国与全球经济中的数字贸易Ⅰ》中正式提出了"数字贸易"定义,即通过互联网传输产品和服务的国内商务和国际贸易活动,包括四方面内容:一是数字化交付内容,如音乐、游戏;二是社交媒体,如社交网络网站、用户评价网站等;三是搜索引擎;四是其他数字化产品和服务,如软件服务、在云端交付的数据服务等。美国国际贸易委员会采用了相对狭窄的数字贸易定义,它排除了大部分实体商品贸易,比如在线订购的商品和需要数字副本对应的实体商品,比如书、软件、音乐以及电影都通过CD或DVD的方式售卖。

(三)联合国贸易和发展会议

联合国贸易和发展会议(2015年)将电子商务定义为通过计算机网络进行的购买和销售行为。对于联合国贸易和发展会议而言,电子商务涉及搭配实物商品以及以数字方式提供的无形(数字)产品和服务。

(四)欧盟

欧盟在数字贸易方面制定了建立"单一数字市场"的目标。这被定义为"个人和企业可以在公平竞争的条件下无缝访问和行使在线活动的区域,无论其国籍或居住地"(欧盟委员会,2016)。这一举措超越了改善数字贸易环境的改革;它包含电信行业日益激烈的竞争,以及数据保护和隐私条款的改进。

(五)美国贸易代表办公室

2017 年,美国贸易代表办公室(Office of the United States Trade Representative,USTR)发布的《数字贸易的主要障碍》报告认为"数字贸易"应当是一个广泛的概念,不仅包括个人消费品在互联网上的销售以及在线服务的提供,还包括实现全球价值链的数据流、实现智能制造的服务,以及无数其他平台和应用。

(六)《世界与中国数字贸易发展蓝皮书》

《世界与中国数字贸易发展蓝皮书》(以下简称"蓝皮书")中也对数字贸易重新进行了定义:数字贸易是以现代信息网络为载体,通过信息通信技术的有效使用实现传统实体货物、数字产品与服务、数字化知识与信息的高效交换,进而推动消费互联网向产业互联网转型最终实现制造业智能化的新型贸易活动,是传统贸易在数字经济时代的拓展与延伸。这一定义的亮点在于将"实现制造业智能化"作为数字贸易发展的最终目标,在一定程度上为数字贸易的未来发展指明了方向。

从上述定义中可以看出,数字贸易的定义随着时间的变化越来越广泛,外延有了极大的拓展,这也是各国争相展开数字贸易竞争的一个原因。数字贸易作为一种新型贸易方式,其主要依托互联网体现出的自由化和开放性等特点,因此造成了不同的国家对数字贸易的态度也不同。同时,数字贸易与传统世界贸易组织框架下货物贸易与服务贸易规则之间都产生了不适和冲突,WTO 各成员国对于数字贸易究竟适用货物贸易规则(GATT)还是服务贸易规则(GATS)尚未达成一致。

针对这个情况,2017 年 12 月,在阿根廷首都布宜诺斯艾利斯召开的世界贸易组织(WTO)第十一次部长会议上,71 个 WTO 成员国共同发布了《关于电子商务的联合声明》(以下简称"联合声明"),宣布为将来在 WTO 谈判与贸易相关的电子商务议题共同启动探索性工作。

世贸组织成员在 2018 年前三季度针对联合声明提出了许多议案,例如,阿根廷、哥伦比亚和哥斯达黎加(JOB/GC/174);新西兰(JOB/GC/175);巴西(JOB/GC/176,JOB/GC/200);日本(JOB/GC/177);美国(JOB/GC/178);新加坡(JOB/GC/179);俄罗斯(JOB/GC/181,JOB/GC/190);欧盟(JOB/GC/188,

JOB/GC/194);加拿大(JOB/GC/189);乌克兰(JOB/GC/198)等。根据上述文件,提出的议题主要涉及 4 个领域,即市场准入、贸易便利化、消费者保护和数据流动。

从国家角度来看,目前在世界贸易组织多边框架下,关于数字贸易及跨境电子商务议题主要存在三方立场:一是以美国为首,包括欧盟、日本等在内的发达国家,主张将数字的跨境自由流动纳入多边贸易规则;二是以中国为代表的发展中国家以及欠发达国家,主张建立基于货物流动为主的跨境电子商务规则;三是非洲、加勒比和太平洋岛国等相关国家,由于自身电信与互联网等基础设施较差,反对将数字贸易及跨境电子商务议题纳入多边贸易框架下讨论。

二、各国与数字贸易有关的战略

在世界主要经济体中,法国于 2008 年率先发布了与数字经济相关的战略,随后日本、欧盟、英国、澳大利亚等国家或地区的战略规划相继出台,2015 年后,出台数字战略的国家明显增多。蓝皮书中对各国的数字贸易战略进行了整理(表 1-1)。

表 1-1 各国数字贸易战略

国家或地区	战略名称	出台时间
法国	数字法国 2012(Digital France 2012)	2008 年
	数字法国 2020(Digital France 2020)	2011 年
	国际数字战略(International Digital Strategy)	2017 年
日本	I—日本战略 2015(I-Japan Strategy 2015)	2009 年
欧盟	欧洲数字议程(Digital Agenda for Europe)	2010 年
	数字单一市场(Digital Single Market)	2015 年
	迈向数字贸易战略(Towards a Digital Trade Strategy)	2017 年
英国	数字经济法案 2010(Digital Economy Act 2010)	2010 年
	数字经济战略 2015—2018(Digital Economy Strategy 2015—2018)	2015 年
	英国数字战略(UK Digital Strategy)	2017 年

续表

国家或地区	战略名称	出台时间
澳大利亚	国家数字经济战略(National Digital Economy Strategy)	2011 年
	数字经济战略(咨询文件)(Digital Economy Strategy Consultation Paper)	2017 年
意大利	意大利数字议程(Italian Digital Agenda)	2012 年
葡萄牙	葡萄牙数字议程(Digital Agenda for Portugal)	2012 年
捷克	数字捷克 2.0:走向数字经济(Digital Czech v2.0—The Way to the Digital)	2013 年
墨西哥	国家数字战略(National Digital Strategy)	2013 年
爱尔兰	国家数字战略(National Digital Strategy)	2014 年
加拿大	数字加拿大 150(Digital Canada 150)	2014 年
德国	数字议程 2014—2017(Digital Agenda 2014—2017)	2016 年
	数字战略 2025(Digital Strategy 2025)	2016 年
美国	数字经济议程(Digital Economy Agenda)	2015 年
印度	数字印度(Digital India)	2015 年
挪威	挪威数字议程(Digital Agenda for Norway)	2015 年
比利时	数字比利时行动计划(Digital Belgium Action Plan)	2015 年
荷兰	荷兰数字议程(Digital Agenda for the Netherlands)	2016 年
韩国	利用信息通信技术开辟韩国未来(Opening up the Future of the Republic of Korea with ICT)	2016 年
中国	国家信息化发展战略纲要	2016 年
	"十三五"国家信息化规划	2016 年
瑞士	数字瑞士战略(Digital Switzerland Strategy)	2016 年
瑞典	数字转型行动(Action on Digital Transformation)	2017 年
埃及	国家电子商务战略(National Ecommerce Strategy)	2017 年
俄罗斯	俄罗斯数字经济(Digital Economy of the Russian Federation)	2017 年
巴西	巴西数字转型战略(Brazilian Strategy for Digital Transformation)	2018 年
丹麦	数字增长战略(Digital Growth Strategy)	2018 年
芬兰	数字芬兰框架(Digital Finland Framework)	2018 年

从表 1-1 中可以看出,目前出台数字贸易战略的大多是发达国家与一些发展较快的发展中国家,而且发达国家的战略相对具体,这说明数字贸易的发展与各国的经济发展水平密切相关。笔者将主要分析美国、欧盟与中国的数字贸易战略。

(一)美国——推动全球信息和数据自由流动

2018 年 4 月 12 日,美国向 WTO 总理事会提交了对联合声明的新议案(JOB/GC/178),该文件提出了七项议题:信息自由流动、数字产品的公平待遇、保护机密信息、数字安全、促进互联网服务、竞争性电信市场和贸易便利化,大致内容见以下 7 个方面。

1. 信息自由流动

具体包括:允许消费者和企业进行跨境数据传输;防止数据本地化;禁止利用网络阻挡或过滤在线内容。

2. 数字产品的公平待遇

具体包括:数字产品的免税待遇;数字产品非歧视性待遇。

3. 保护机密信息

具体包括:保护源代码;禁止要求企业强制技术转让;禁止歧视性技术要求。

4. 数字安全

具体包括:确保企业能够使用安全的加密技术;确保政府采用基于风险的方法来防止和应对网络安全事件,避免对贸易的限制或扭曲。

5. 促进互联网服务

具体包括:建立数字相关的市场准入承诺;公开政府信息;免除仅进行储存、处理或传输数据的网络服务提供者的法律责任。

6. 竞争性电信市场

基于《WTO 电信参考文件》在当下仍然发挥重要作用,世贸组织各成员国应将其写入各国的服务贸易承诺减让表,并向电信投资者和跨境服务提供者开放市场准入。

7. 贸易便利化

WTO《贸易便利化协定》中的规定可以对数字贸易做出非常直接的贡献,因此落实该协定,对跨境包裹的关税设置减免门槛,促进中小企业更充分地参与全球经济之中。

(二)欧盟——单一数字市场战略

为了打破欧盟境内的数字市场壁垒,欧盟委员会于 2015 年 5 月 6 日公布了"单一数字市场"(Digital Single Market,DSM)战略的详细规划。单一数字市场是指满足三项条件的市场:商品、人员、服务和资本可以保证自由流通;居民、个人和商家无缝衔接;所有线上活动都在公平竞争条件下进行。单一数字市场是欧盟统一市场、促进贸易、推动经济增长的一项长期而重要的工作,共包括以下三个支柱。

第一大支柱是为个人和企业提供更好的数字产品和服务,其中包括:出台措施促进跨境电子商务发展;保障消费者权益;提供速度更快、价格更实惠的包裹递送服务;打破地域界限,改变同种商品不同成员国不同价的现状;改革版权保护法;推动提供跨境电视服务。

第二大支柱是创造有利于数字网络和服务繁荣发展的环境,包括全面改革欧盟的电信领域规章制度;重新审查视听媒体组织框架以适应时代需求;全方位分析评估搜索引擎、社交媒体、应用商店等在线平台的作用;加强数字化服务领域的安全管理,尤其是个人数据等。

第三大支柱是最大化实现数字经济的增长潜力,包括提出"欧洲数据自由流动计划",推动欧盟范围的数据资源自由流动;在电子医疗、交通规划等对单一数字市场发展至关重要的领域,推动建立统一标准和互通功能;建成一个包容性的数字化社会,使民众能抓住互联网发展带来的机遇和就业机会。

(三)中国——政策支持与改善跨境电子商务贸易的环境

1. 国内政策

随着数字经济的发展,我国数字服务贸易成为全球经济的一抹亮色。与发达国家相比,中国电信、计算机和信息服务贸易快速发展,平均增速达到 17.6%。在这样的背景下,国家支持发展数字贸易也就不足为奇。除了前文提到的党的十九大报告明确提出要建设"数字中国""网络强国",党中央、国务院相继出台《国家信息化发展战略纲要》《"十三五"国家信息化规划》等重大战略规划,明确数字中国建设的路线图和时间表,开启中国信息化发展新征程。

2. 国际上的提案

2017 年,我国并未参与 WTO 的《关于电子商务的联合声明》,同时也未在其后发布相关探索性方案或者新提案,但早在 2016 年我国就向 WTO 总理事会提交了一份涉及电子商务相关议题的文件。该文件从以下四个方面讨论了电子商务。

(1)营造良好的贸易政策环境,促进跨境电子商务

简化部分产品的边境监管措施,探讨在 B2C 模式下实施退税的方法,同时考虑到出口增值税退税的国际惯例,澄清适用于退货的政策,包括税收政策等。

(2)提高跨境电子商务政策框架的透明度

发布跨境电商相关的法律、法规和行政措施,向 WTO 通报其发布的官方网站,并尽可能向 WTO 提供此类法律、法规和行政措施等。

(3)改善跨境电子商务的基础设施和技术条件

交流数字证书、电子签名和电子认证相关的信息和政策,促进数字证书和电子签名互认,探索改善发展中国家电子商务基础设施和技术条件方面切实可行的措施等。

(4)其他相关议题

包括交流有关跨境电子商务相关政策问题的成员法律、法规和行政措施的信息,如消费者保护、隐私保护和知识产权,并讨论贸易政策之间的关系等,以加强消费者对跨境电子商务的信心,促进其发展。

除了 2016 年提交的文件,到了 2017 年 10 月,我国再次向 WTO 总理事会就暂停电子传输的关税、跨境电子商务便利化、无纸化贸易、电子认证和电子签名互认、法规政策透明度以及发展与合作等问题提出建议。

三、美国、欧盟、中国在数字贸易规则领域内存在分歧

从上文对美国、欧盟、中国不同贸易政策的列举中不难发现三者具有明显的不同,笔者将其简单归纳成表的形式(表1-2)。

表 1-2　美国、欧盟、中国贸易政策对比

美国(JOB/GC/178)	欧盟(DSM)	中国(JOB/GC/110)
(1)信息自由流动; (2)数字产品的公平待遇; (3)保护机密信息; (4)数字安全; (5)促进互联网服务; (6)竞争性电信市场; (7)贸易便利化	(1)为个人和企业提供更好的数字产品和服务; (2)创造有利于数字网络和服务繁荣发展的有利环境; (3)最大化实现数字经济的增长潜力	(1)营造良好的贸易政策环境,促进跨境电子商务; (2)提高跨境电子商务政策框架的透明度; (3)改善跨境电子商务的基础设施和技术条件; (4)消费者保护,隐私保护和知识产权等

从表1-2的对比中可以发现,美国的政策主要侧重于数字信息的全球自由流动,以及对源代码、企业数字机密等的保护。欧盟的政策主要是为了打破欧盟境内的数字市场壁垒,一方面强调区域内数据的自由流动,另一方面强调隐私保护与数据本地化。我国的政策则着重于跨境电子商务,注重对国家安全和消费者权利的保护。

从美国角度来说,美国是全球互联网和数字技术最发达的国家,因此,实现"数据自由流动"对美国经济具有极大的促进作用,从而保持美国在全球经济中的领导地位。此外,美国数字技术极为发达,相关技术多数处于垄断地位,拥有很多知识产权,因此,美国对数字知识产权的保护十分重视,其要求禁止各国政府获取源代码,防止源代码泄露,从而达到有效保护企业和个人知识产权的作用。2017年8月,美国国际贸易委员会发布《全球数字贸易的市场机遇与主要贸易限制》的研究报告中归纳了限制数字贸易发展的主要贸易监管和政策措施,其中包括数据保护、网络安全、知识产权、内容审查、市场准入及投资限制等。

从欧盟角度来说,由于欧盟近年来经济问题时常显现,而且各种新类型的网络威胁不断增多(如斯诺登事件),欧盟实施单一数字市场战略是出于经济恢复与保护网络安全两方面考虑。但美国一直强调的数据自由流动则使个人隐私成为这种环境下的重要问题。对于网络环境下个人隐私保护最好的方法就是数据存储本地化措施,这恰恰与美国的政策相冲突。

就中国而言,目前的重点仍然集中在发展电子商务上,电子商务已经成为数字经济最活跃、最集中的表现形式。从总体的数字贸易来说,仍然处于一个起步阶段,国内在知识产权保护、网络安全等方面还很落后。美国贸易代表办公室(USTR)在其最新发布的国家贸易评估报告中高度关注各主要经济体现存的数字贸易壁垒,其中涉及中国的就是对跨境数据流动的限制并提出的数据本地化要求。中国于2017年颁布的《中华人民共和国网络安全法》和2015年颁布的《中华人民共和国国家安全法》的确禁止或严格限制常态化跨境信息流动,并强制向具有"关键信息基础设施部门"的公司提出数据本地化要求。

美国战略与国际研究中心(CSIS)曾发布《全球数字贸易之战:美国、欧盟和中国支持的竞争规则》一文,其中分析了三者数字贸易规则的不同。该文作者认为美、欧、中分别是自由主义者(liberalizes)、监管者(regulators)、重商主义者

(mercantilists)的代表。自由主义者的主要目标是确保互联网的自由和开放,并旨在预防和消除数字贸易壁垒。他们强调数字流动对经济增长的重要性,并担心外国政府越来越危及这些利益。他们还重视跨境自由流动数据的价值,数据本地化的成本,以及避免不必要的安全措施等。监管者在一定程度上认可许多自由主义者的目标,但呼吁政府加大干预力度,以保护个人隐私。重商主义者则优先考虑产业政策和安全,其对数据流进行限制,强制要求数据本地化,并要求技术转让和源代码披露以及其他保护主义措施,这些法规通常以国家安全为理由,并且具有防止外国竞争的效果。这个阵营中的许多国家在保护知识产权方面做得较少,而知识产权往往是通过数字手段窃取的,这也符合中国的实际情况。

总的来说,三者的数字贸易政策还有相当大的差距,而且基于目的与国情的不同,在未来一段时间里将不会改变。

四、中国数字贸易发展的方向

第一,中国要充分利用在跨境电子商务领域内的领先优势,电子商务作为目前数字经济最活跃、最集中的表现形式,有助于不断丰富数字贸易的组织形态、拓宽交易主体范围、扩大交易选择空间,在此优势引领下,数字贸易必定会迎来更为蓬勃发展的崭新阶段。

第二,中国的数字技术发展处于世界领先地位。根据蓝皮书显示,在移动互联网方面,中国在5G网络技术研发、测试和验证方面取得了重大突破,正在推动形成全球统一5G标准;在物联网方面,中国电信建成了全球首个覆盖最广的商用NB-IoT网络,华为公司提出的NB-IoT技术方案获得了3GPP批准,成为国际标准;在大数据、云计算方面,中国的大规模并发处理、海量数据存储、数据中心节能等关键技术取得了突破,阿里飞天平台、百度大脑、微信开放技术平台等云计算平台处于国际领先地位;在人工智能方面,中国人工智能企业数量超592家,占全球人工智能企业总数的23%,研发能力不断提升。因此,数字技术领先优势的不断扩大为中国数字贸易实现更快发展提供了坚实的技术保障。

第三,将数字贸易与"一带一路"倡议相结合,"一带一路"沿线国家数字贸易存在较大发展空间,所以充分利用"一带一路"倡议中政策沟通、道路联通、贸易畅通、货币流通、民心相通的"五通"将为数字贸易的发展提供指导。而且随着中国"互联网＋"和"一带一路""网上丝绸之路"的深入发展,数字贸易必会迎来前所未有的发展机遇。

第四,积极参与与数字贸易有关的国际规则的制定。虽然当下 WTO 在数字贸易方面的谈判暂无实质性进展,但美国已经通过一系列双边与多边协定,将自己的规则推向了全世界,因此,在接下来的数字贸易谈判中,中国也应参与数字贸易条款的制定,积极主张自己的权利。

第五,要坚持发展数字贸易与我国的国情相适应。特别是要处理好国家利益、网络安全和数字贸易之间的关系,在鼓励、支持、引导数字贸易发展的同时,注重对国家网络安全以及公民个人信息的保护,探索提出符合我国数字贸易发展的新规则,从而提升我国在数字贸易领域的话语权。

第二章

数字贸易的发展情况和特点

第一节　国际数字贸易的发展历史

一、国际贸易实务及其课程的发展历史与背景

全球贸易至今大致经历了三个阶段：传统贸易、全球价值链（Global Value Chains，GVCs）贸易和数字化贸易，表 2-1 概述了这三种贸易类型的特征、驱动因素，以及贸易政策走向。

表 2-1　全球贸易的三个阶段

类型	特征	驱动因素	贸易政策走向
传统贸易	跨国界的生产和消费分离	运输成本下降	市场准入
全球价值链（GVCs）贸易	企业能够跨越国界分割生产过程；利用区位比较优势；主要涉及中间商品和服务的贸易；全球生产部分转向新兴经济体	运输和协调成本持续减少	贸易投资—服务知识关系；贸易便利化，国内或边境后非关税措施
数字化贸易	超链接的时代；既涉及数字贸易，又涉及传统贸易或全球价值链贸易；大量小型和低价值的实物商品和数字服务的贸易；改变了某些商品的不可交易性；将商品和服务捆绑在一起	运输和协调成本进一步减少；通过数据传输或分享信息的成本大幅下降；全球数字化趋势	数字流动；数字连接；互操作性

1978 年,中国进入改革开放的新时期。大力发展对外贸易,成为中国加快现代化建设、改变落后面貌、促进经济发展和提高综合国力的重要途径。改革开放 40 多年来,中国利用世界经济较长时期繁荣、经济全球化深入发展的机遇,扩大对外开放,吸引外商投资,引进先进技术,改造提升国内产业,在全面参与国际分工和竞争中,实现了对外贸易的跨越式发展,货物贸易总量跻身世界前列。

(一)中介型贸易实务阶段

20 世纪 80 年代至 21 世纪初,中国加工贸易蓬勃发展,成为外贸的半壁江山。在中国外贸发展中,外商投资企业和加工贸易均发挥了十分重要的作用,形成了全方位和多元化的进出口市场格局。当时的国际贸易业务只能由具有进出口许可权的国有贸易公司经营。由于贸易行业的经营门槛比较高,利润大,因此,成为热门专业,学生们学习国际贸易实务的热情高涨,当时,贸易实务课程的教学以国际贸易函电、进出口业务流程、贸易结算等内容为主。

(二)产业型贸易实务阶段

2001 年,我国加入世界贸易组织(WTO)。我国对外货物贸易管理制度进入新一轮改革,对标 WTO 规则和我国入世承诺,我国对外货物贸易管理的法律框架和主要制度包括法律框架内的关税减让、海关估价协议的实施、配额和许可证管理、货物贸易外汇管理和外贸经营者许可制度五个重要方面都发生了变革。外贸业务的经营权开放、国际贸易业务门槛降低,使更多中小企业可以参与国际贸易。因此,国际贸易实务的教学以进出口流程、贸易结算、报关业务、海关业务等内容为主。

我国在加入 WTO 后外贸经营权进一步开放,全国各地建立自贸区,进一步推动贸易领域的改革开放;当贸易权限放开后,有实力的制造类企业可以建立自己的贸易部门或海外机构开展自营贸易,从而走出了一条从贸易到直接投资的海外发展道路。

(三)数字型贸易实务阶段

2010 年后,随着互联网的发展与应用,国际贸易业务渗透到更多领域,也产生了更多的创新形式;国际贸易组织与制度也不断发生变化,贸易术语与贸易规则推动贸易便利化;更多的中小企业、小微企业甚至个人直接参与国际贸易业务。例如,海淘就是一种最接地气的贸易形式。这时,贸易从庙堂之上走向普罗大众,贸易不再神秘。在人人都可以从事贸易业务的今天,国际贸易实践发生了重要变化,各行各业的各类企业自主开展国际贸易,对国际贸易实务课程提出了新的要求。

数字经济时代,国际贸易实务课程的重点也在发生变化,贸易主体出现异质性、产业化的特点,贸易标的所覆盖的行业更加多样化,贸易交付流程中物流、保险行业逐渐壮大,贸易支付、贸易融资衍生出更多支撑贸易的金融服务。

二、国际贸易的新特点

全球贸易环境变化及互联网电子商务的普遍应用,使新形势下的贸易环境发生了巨大变化,对贸易实务的能力提出了更高要求,已经不能满足传统的单据业务,需要拓展到金融创新、流程创新等新领域。企业开设国际贸易理论和实务课程是当务之急。

(一)贸易主体出现异质性、产业化的特点

随着专业化分工深化形成全球产业链,中小企业、小微企业更多地参与贸易业务,贸易主体规模不一、差异较大。传统国际贸易实务课程只针对贸易中介商或代理商,已经无法满足当前国际贸易实务发展的新趋势。

(二)贸易标的所覆盖的行业更多样化

贸易标的不仅局限于实体产品,而是更多地向无形产品扩展,服务贸易、知识产权贸易所占比重不断增加。传统国际贸易实务课程只针对实体产品标的,已经无法满足当前国际贸易实务发展的新趋势。

(三)贸易交付流程中物流、保险行业逐渐壮大

传统国际贸易实务课程中运输与保险作为贸易流程中的一个环节而存在,但是现在它们已经成为一个重要产业。运输物流仓储、保险与贸易、融资、金融等业务相结合,形成了平台效应,联通进口与出口两端的企业。

(四)贸易支付、贸易融资衍生出更多支撑贸易的金融服务

在贸易实务基础上,支持贸易的金融服务、互联网＋贸易等形式变得越来越重要。因此,课程的视角应在传统的贸易流程之外,引入贸易融资、贸易金融、电子商务等相关前沿内容。

贸易金融这一新兴领域被引入课程,是因为银行在贸易双方债权债务关系的基础上,为国内或跨国的商品和服务贸易提供贯穿贸易活动整个价值链的全面金融服务。它包括贸易结算、贸易融资等基础服务,以及信用担保、保值避险、财务管理等增值服务。贸易实务课程所研究的贸易主体、贸易制度、贸易标的、贸易交付、贸易支付、贸易融资、贸易金融也发生了变化(表2-2)。

表 2-2　国际贸易实务的发展对比

项目	传统国际贸易实务	国际贸易实务的新发展
贸易主体	大型贸易中介商	所有企业或个人
贸易制度	国际贸易制度、海关流程与制度	WTO 相关制度、国际贸易管理制度、自贸区制度创新如负面清单制度等
贸易标的	实体产品	实体产品、无形产品、服务贸易
贸易交付	运输、保险为辅助	运输、保险提供物流、信息流的保障
贸易支付	汇付、托收、信用证	数字支付
贸易融资	依托于贸易支付手段	供应链金融、融资租赁
贸易金融	—	大宗商品贸易、航运金融、贸易保险等

第二节　国外主要国家和地区的发展情况和特点

一、美国

(一)美国电子商务零售发展情况

根据美国商务部统计局的调查,美国 2016 年电子商务零售额为 3949 亿美元,同比增长 15.1%。电子商务零售额在总零售额中的占比不断上升,2016 年占美国总零售额的 8.1%,比 2015 年上升了 0.8 个百分点。

从用户数量来看,根据 Statista 的研究,2016 年美国有 77% 的互联网用户,相当于总人口数量的 67% 选择了在线购物。与此同时,42% 的互联网用户至少每个月都通过互联网购物,并且移动终端购物用户迅速增长,2016 年通过移动终端上的 App 或 Web 浏览器购物的用户数量达到 1.36 亿。从用户购物偏好来看,书籍和电子设备是美国用户经常购买的商品,其次为玩具、服装等。

(二)美国主要部门电子商务发展情况

美国商务部统计局 2016 年 6 月发布的《2014 年电子商务统计报告》对制造业、选定的部分服务业、零售业和批发业的电子商务交易额进行了调查统计,其统计情况分别如下。

1. 制造业电子商务销售情况

2014 年的制造业电子商务交易额为 35840 亿美元,同比增长 8.1%。大部分制造业的销售都通过在线形式进行,电子商务交易额占制造业总交易额的绝大部分(60.9%),比 2013 年增长了 3.8%。

2. 部分服务业电子商务销售情况

2014 年,美国公用事业、运输和仓储、信息、金融和保险、房地产和租赁、教育等 11 个服务部门的电子商务销售收入为 5100 亿美元,同比增长 11.8%,占 11 个服务部门的总销售收入的 3.8%。其中,电子商务收入额占本行业部门总收入额比例较高的服务部门为运输和仓储、信息及教育部门,占比最低的为公用事业、保健和社会救助部门。

3. 零售部门电子商务销售情况

2014 年,美国零售部门电子商务销售额为 2986 亿美元,同比增长 14.13%,占零售业销售总额的 6.4%。其中,电子购物和邮购是电子商务销售额和占比最高的零售部门,该部门销售最多的是服装和配饰,销售额达到 468 亿美元。

4. 批发部门电子商务销售情况

2014 年,美国批发业电子商务销售额为 21278 亿美元,同比增长 5.3%,占批发业销售总额的 27.7%。

(三)美国跨境电子商务情况

2014 年,美国国际贸易委员会(USITC)《美国和全球经济中的数字贸易》报告中对 7 类行业的在线进出口销售情况进行了统计。这 7 类行业分别是:

①内容行业:如出版(报纸、期刊、书籍等)、电影、广播和新闻等;②数字通信行业:包括软件出版,数据处理、托管及相关服务,互联网出版,互联网广播及搜索引擎服务;③金融和保险行业;④制造业:包括化工、印刷、工业机械、金属加工机械、发动机、计算机和电子产品、电力及配送、特种变压器、继电器和工业控制、运输设备、医疗设备和供应;⑤零售交易:包括汽车及零部件、家具、电子产品和家电、服装的非零售店零售;⑥批发交易:指通过 B2B 电子市场进行的汽车及零件、计算机、电气设备和服装分销;⑦部分其他服务业:包括会计、建筑、工程技术、平面设计、计算机编程、计算机系统设计、营销咨询、媒体购买机构、旅游安排及预约服务、快递服务。

根据 USITC 的报告,这 7 类行业 2012 年通过在线销售实现出口额 2229 亿美元,通过在线销售实现进口额 1062 亿美元,贸易红利达 1167 亿美元。其中,对出口贡献最大的行业依次为制造业(865 亿美元)、数字通信(589 亿美元)和零售贸易(344 亿美元)。

通过在线销售实现出口的地区主要为北美、欧盟和亚太地区。

此外,根据 landmark global 的研究,2013 年美国 B2C 跨境电子商务交易额为 401 亿美元。美国用户最喜欢跨境购买的商品是衣服,其次是保健和美容产品,最受美国在线用户青睐的国家和地区依次是英国、中国、加拿大、中国香港和澳大利亚。美国产品在线出口销售最多的国家和地区依次是中国、英国、澳大利亚、德国和加拿大。

(四)主要电子商务企业情况

美国作为数字经济最为发达的国家,拥有多家世界排名领先的电子商务零售平台,包括 Amazon、eBay。此外,美国还有许多知名零售商也成功开展了在线销售业务,如 Apple、沃尔玛、Macy's、QVC、Nordstrom、Costco 等,每年在线销售额在数十亿美元至上百亿美元之间。

1. Amazon

Amazon 是一家国际电子商务企业,成立于 1994 年,提供在线零售、云计算、消费者电子设备、数字内容等服务。Amazon 是美国顶尖电子商务网站,其 2016 年的净收入为 1360 亿美元,同比增长 28%,其中,797.9 亿美元来自北美地区,439.8 亿美元来自其他国家,122.2 亿美元来自 AWS 服务。截至 2016 年,Amazon 拥有超过 3.1 亿活跃用户,340000 余名雇员,在全球 13 个国家开展电子商务业务,包括美国、加拿大、墨西哥、巴西、英国、法国、德国、意大利、西班牙、中国、日本、澳大利亚、印度,客户来自全球 180 个国家或地区。

2. eBay

eBay 成立于 1995 年,提供 C2C 在线销售服务。eBay 的核心业务是拍卖平台和购物网站,个人和企业通过拍卖平台和购物网站在全世界购买和销售产品、服务,业务范围遍及全球 32 个国家。eBay 在全球拥有超过 1.67 亿活跃用户,12600 名雇员。全年总收入为 90 亿美元,同比增长 7%,超过 50% 的收入来自其他国家和地区。完成的交易额达 840 亿美元,同比增长 5%。

二、欧盟

(一)欧盟电子商务发展情况

在欧洲 47 个国家中,15 岁以上人口约 6.85 亿,其中互联网用户 5.16 亿,占到 15 岁以上人口的 75%,在线购物用户约 2.96 亿,占比约为 43%。欧洲 B2C 网站数约为 75 万个,每年境内及跨境包裹数达 42 亿件。2015 年,欧洲电子商务市场规模达到 4553 亿欧元,同比增长 13.3%。电子商务为欧洲贡献了大约 2.59% 的 GDP,欧洲电子商务协会预计这一比例在 2020 年将翻倍。B2C 为欧洲直接或间接带来了 2500 万的就业机会。欧盟 28 国 2015 年 GDP 产值为 17.59 万亿欧元,电子商务市场达到 4096 亿欧元,占 GDP 的 2.3%,占整个欧洲市场电子商务份额的 89%。欧盟 28 国 16% 的人口通过互联网从其他欧盟国家购买商品或服务,与 2013 年相比人数增长了 33%。在不同地区,消费者的购买速度和商户的销售速度存在很大差异,电子商务发展较好的区域为西欧、中欧和北欧。

移动设备的快速发展增加了电子银行和电子支付的使用,这改变了移动支付的发展前景,在一定程度上刺激了电子商务的发展,也给消费者提供了更多购买商品和服务的可能性。2015 年,欧洲 75.3% 的 B2C 交易是通过互联网、移动终端完成的,欧盟这一比例更是高达 81.5%。在欧洲,移动电话渗透率超过了 100%,这意味着每个人至少拥有一部手机。尽管如此,欧洲仍是世界上跨境电子商务发展大有潜力的地区。

欧洲跨境电子商务买家的主力军有卢森堡、马耳他、奥地利和丹麦等,这些国家的消费者对于从网上购买国外的东西尤为热衷。在欧洲电子商务总额中，服务贸易约占 48％，货物贸易和电子传输的数字产品约占 52％。总的来看，欧洲电子商务的服务贸易主要集中在旅行相关服务、门票服务和保险，货物贸易主要集中在电子产品、家具、服饰等，电子传输的信息产品主要集中在音乐上。其中，旅行相关服务和音乐产品的电子商务是行业的主流。在航班服务、音乐、酒店服务等方面，电子商务占 65％以上的行业份额；在笔记本、平板电脑、手机、服饰、家具、电影票、家用电器、车辆保险、DIY 手工等方面电子商务占 26％～36％的行业份额，化妆品和护发品方面电子商务分别占 19％和 12％的行业份额，杂货、生活用品方面电子商务占 3％的行业份额。

（二）英国电子商务发展情况

英国是欧洲电子商务发展最为领先的国家。在欧洲，英国电商的渗透率最高，且英国拥有庞大的线上购物用户群体。

近年来，英国网络零售增长迅猛，越来越多的商家采取涵盖商业中心、社区便利店、互联网、电视等在内的多渠道零售模式，2009 年以来，英国网络销售每年保持两位数增长，是世界上最大网络销售市场之一。主要零售商纷纷推出网络销售，约 3/4 的企业都开设网站，网上销售出口额超过欧洲其他国家总和。英国消费者在网上平均花费处于领先水平，移动网络销售增长很快。移动购物、通过社交媒体的销售因其灵活性、用户体验好等优势发展迅猛，电子商务从此前的以电子产品为主，现已扩展到包括服装、杂货在内的所有领域。很多零售商减少营业面积，采取"商业中心旗舰店＋卫星小型店铺"的经营模式，"网上购物＋实体店取货"（Click＆Collect）成为日益流行的购物方式。物流和配送业发展很快，网购配送地点从居所扩展到工作场所、店铺、配送中心等。

2016 年，英国电子商务交易额达到 1736 亿欧元，与 2015 年相比增长 10.5个百分点。2015 年，英国移动电商销售额达 311 亿欧元，占电商销售总额的20％。与其他国家相比，英国在 2016 年通过手机或者平板电脑等智能终端设备在线购物的人数比例达到 59％。服装和鞋类是英国人目前在线购物最喜欢的产品类别，与 2015 年相比消费额增长 7％。此外，紧随其后的电子产品类消费，与 2015 年相比消费额增长了 8％。借记卡主导了英国线上支付市场，2016年英国有 45％的网购订单通过借记卡完成支付。电子钱包比如 PayPal、信用卡及银行转账也是流行的支付方式。

英国最大的线上零售商是亚马逊(约占市场份额的 16%);其次是特易购(Tesco,约占市场份额的 9%)和 eBay(约占市场份额的 8%)。其余的线上零售商还包括 Asos、Argos、Play.com、Next 等。

(三)德国电子商务发展情况

德国是仅次于俄罗斯的欧洲最大经济体,一直以来,德国的电子商务业稳步增长。德国约有 8000 万人口,其中 89% 的人口使用互联网购物,德国拥有欧洲最多的网络使用者。根据 Ecommerce Foundation 的统计,2015 年德国电子商务市场总额约 597 亿欧元,预计 2016 年达 669 亿欧元。《女性时装日报》(wwd.com)认为到 2017 年德国电子商务业可以超过西欧其他国家的增长速度,实现 12% 的增长;到 2017 年德国的电子商务盈利可以占国民生产总值的 53%,届时,线上零售可占德国全国零售市场的 6.6%。

2016 年德国平均每人用于网购的支出为 1280 欧元。购物的网店不仅局限在德国,德国人最偏爱的外国网店分别来自欧洲、亚洲和北美洲,其中大型零售商占据德国电子商务的主导地位。德国排名前 1000 的网上购物商店中有 63.4% 的网店已经调整了各自的移动网站,以适应电子商务发展的新需求。据德国网络工业协会(ECO)预测,2017 年超过一半的德国 GDP 将与电子商务相关。这些数据表明,德国的 B2C 电子商务市场拥有巨大的发展潜力。

统计表明,德国使用最多的支付方式是收货单(invoice)方式,即订购后付款的方式,约占在线用户比例为 63%。另外,德国 34% 的消费者使用信用卡付费,其他的线上支付手段还包括 PayPal、ELV、GiroPay、Sofort Uberweisung、RatePay 等。

德国最大的电子商务企业主要有两家,美国的亚马逊和德国本土的 Otto。这两家公司占有德国一半以上的电子商务市场,给小企业的发展造成一定的压力。2015 年,德国排名前十的网络零售商主要有:亚马逊(78 亿欧元)、Otto(23 亿欧元)、Zalando(10.3 亿欧元)、Notebooksbilliger.de(6.1 亿欧元)、Cyberport(4 亿欧元)、Bonprix(4.8 亿欧元)、Tchibo(4.5 亿欧元)、Conrad(4.3 亿欧元)、Alternate(3.7 亿欧元)、Apple(3.7 亿欧元)。

(四)法国电子商务发展情况

在国民经济衰退的大背景下,欧洲第二大电子商务市场法国的电子商务业始终保持着向上的发展态势。法国的电子商务业正在经历多种改变,越来越多的人选择使用移动设备进行在线购物以及在线支付。在法国,信用卡主导法国在线购物市场,超过 94％的法国人连续 15 年以上持有信用卡。

据法国财政部统计,2015 年,法国国内生产总值较 2014 年增长 1.2％,家庭购买力增长 1.8％,家庭消费增长 1.4％。其中,法国 2015 年电子商务销售额显著提高,网上成交额达到 649 亿欧元,比 2014 年增长 14.3％。法国电子商务和远程销售联合会(FEVAD)公布的数据指出,法国 B2C 电商销售额占整个零售业 6％的份额;如除去食品类商品,则已达到零售业销售额的 9％。

在法国,消费者网购时更倾向于使用信用卡结算,其中使用较多的一种方式是 Carte-Blue(可用作信用卡功能的借记卡)。法国另外两种使用较多的支付方式是 Visa 和 PayPal,法国是欧洲使用 PayPal 额度第三大的国家。其余的支付方法还有 Allopass、CM-CIC Paiement、Hipay、Moneo、Paysafecard 等,但一般网购用户很少使用这类替代性的支付方式。

法国约有 120000 个活跃的电子商务网站,其中使用最为广泛的是亚马逊(每月有超过 1500 万的用户访问)。其他的电子商务网站有 Cdiscount、eBay、Fnac、Priceminister。但由于法国时尚用品畅销,时尚用品大咖 La Redoute 和 3 Suisses 也是法国电子商务的主要供应商。

三、俄罗斯

根据在线零售企业协会(AIKT)的调查研究,2016 年,俄罗斯 B2C 电子商务销售额为 157 亿美元,比 2015 年增长了 20％。同时,俄罗斯消费者越来越倾向于海外购物。海外零售商大约占俄罗斯电子商务市场 1/3(52 亿美元)的份额,并且跨境购物市场增长率达到 37％。中国购物网站最受俄罗斯消费者欢迎。数据显示,90％的国外订单都来自中国,但订单额较小,因此交易额仅占总交易额的 50％。阿里巴巴的速卖通(AliExpress)是俄罗斯最受欢迎的购物网站,甚至超过了俄罗斯最受欢迎的本土网站 Ozon.ru。2016 年,速卖通每个月有超过 2200 万名访问者,而 Ozon.ru 每个月仅有 900 万名访问者。

四、日本

根据日本经济产业省(METI)的统计,2015 年,日本国内 B2C 交易规模为 13.8 万亿日元,同比增长 7.6%,占日本商业销售总额的 4.75%。此外,国内 B2B 市场规模为 203 亿日元,同比增长 3.5%。

2015 年,日本消费者从美国和中国电商企业进行跨境购物的总额为 2200 亿日元,同比增长 6.9%,美国消费者从日本和中国电商企业跨境购物总额为 9000 亿日元,同比增长 11.1%,而中国消费者从日本和美国电商企业跨境购物总额达到 1.6 万亿日元,同比增长 32.7%。同时,METI 预测,从 2015 年到 2019 年,日本从美国和中国购物的用户规模将扩大 1.5 倍,美国从中国和日本购物的用户规模将扩大 1.6 倍,而中国从美国和日本购物的用户规模将扩大 2.9 倍。日本、中国和美国之间的跨境电商交易总量将增加到 6.6 万亿日元。

根据 Comscore 在 2016 年的调查研究,按照访问量统计,日本零售电子商务网站排名依次为 Amazon(31.95%)、Rakuten(28.81%)、Kakaku(17.96%)、Yahoo Japan (16.6%)、DMM. com(7.66%)、Apple(6.83%)、DMM Online Shopping(6.21%)、DMM PC Software(3.82%)和 Yodobashi Camera(3.32%)。

五、韩国

韩国是全球第七大电子商务零售经济体,其宽带普及率已经达到 99%,智能电话普及率超过 70%。根据美国政府网站 export. gov 发布的数据来看,2015 年,韩国国内电子商务销售额为 430 亿美元,占韩国零售产业销售额的 14.7%。其中,45.3%的电子商务零售交易通过移动电话进行。旅游、家用电器和服装是韩国最受欢迎的电商产品。根据访问量统计,Gmarket. co. kr、llst. co. kr 和 Auction. co. kr 是韩国三家最大的电子商务网站。

第三节　我国数字贸易的发展情况和特点

一、电子商务持续快速发展,带动快递业务高速增长

2017 年,我国实物商品网上零售额比 2016 年增长 28.0%,达到 54 806 亿元;占社会消费品零售总额的 15.0%,比 2016 年提高 2.4 个百分点。全年全国

电子商务交易额达到 29.16 万亿元,比上年增长 11.7%。到 2020 年,我国网络零售总额超过 10 万亿元,占社会消费品零售总额的 20.7%。电子商务的快速发展还带动了快递业务的增长。2017 年,全国快递服务企业业务量累计完成 400.6 亿件,同比增长 28%;业务收入累计完成 4957.1 亿元,同比增长 24.7%。

二、跨境电商进入爆发期,在我国对外贸易中"一枝独秀"

2016 年,尽管全球贸易增速放缓,中国跨境电商增速有所下降,但是跨境电商增速仍大幅高于货物贸易进出口增速,中国进出口贸易中的电商渗透率持续提高。据中国电子商务研究中心监测数据显示,2016 年中国跨境电商交易规模为 6.7 万亿元,同比增长 24%。其中,出口跨境电商交易规模 5.5 万亿元,进口跨境电商交易规模 1.2 万亿元。从业务模式来说,中国跨境电商目前以 B2B 为主,2016 年 B2B 占跨境电商总额的 88.7%,跨境电商零售额仅占 11.3%,但跨境电商零售业增长强劲,预计 2020 年跨境电商零售额占比将超过跨境电商总额的 30%(图 2-1)。

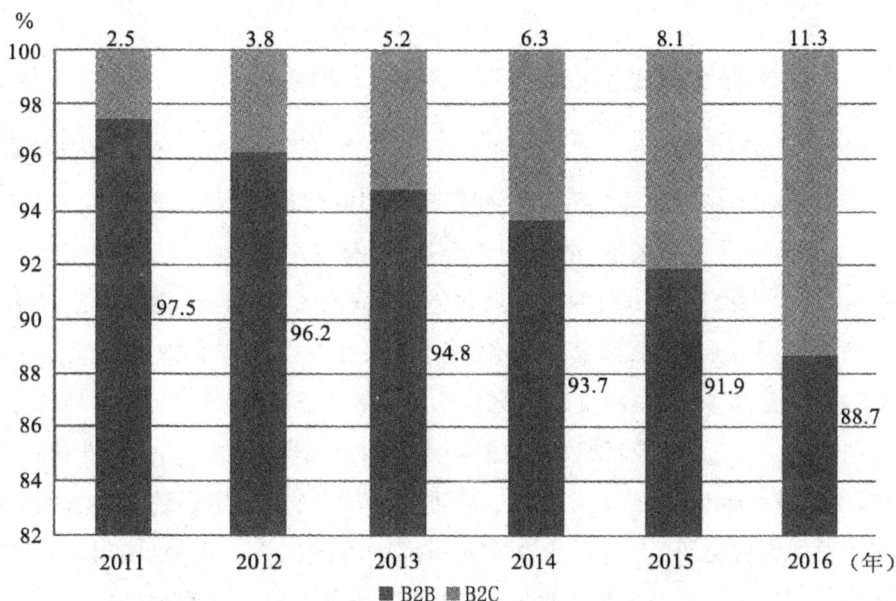

图 2-1 2011—2016 年中国跨境电商 B2B 与 B2C 结构

按照我国跨境电商的贸易方向划分,在进口方面,2015 年,中国消费者购买最多的商品来源国排名前十为:美国、日本、德国、韩国、澳大利亚、荷兰、法国、英国、意大利、新西兰,这些国家的商品尤其受到中国消费者的青睐。从进口商品种类看,母婴用品、个护美妆品和营养保健品是拉动中国跨境电商零售进口的三大主营品类。综合来看,随着中国消费者对涉及健康、安全、绿色等产品品质要求的提高,跨境电商零售进口已经成为购买这些产品新的重要渠道。在出口方面,以阿里巴巴为例,2015 年,在阿里巴巴国际站平台,向中国企业发出询盘量最多的海外市场排名前十的国家是:美国、英国、印度、加拿大、俄罗斯、澳大利亚、德国、奥地利、马来西亚、巴西。从整体来看,根据阿里巴巴建立的 ECI跨境电商联结指数来看,2015 年在 G20 国家中,有关国家与中国的跨境电商联结最为紧密的国家依次是:美国、英国、澳大利亚、法国、意大利、日本、加拿大、德国、韩国、俄罗斯、印度、土耳其、巴西、南非、墨西哥、印度尼西亚、阿根廷、沙特阿拉伯。

三、电子商务与传统产业协同发展,成为推进供给侧结构性改革、促进新经济发展、带动创业就业的重要引擎

具体表现在七个方面。

(一)电子商务成为"互联网＋"行动的先导领域

2016 年,我国深入推进"互联网＋"行动计划,有关部门和地方政府都把促进电子商务应用作为落实"互联网＋"行动计划的切入点,积极开展电子商务进农村、电子商务进中小城市、电子商务进社区、跨境电子商务、线上线下互动融合等工作,大力推动电子商务与工业制造、商贸流通、农业、金融、文化、旅游等产业融合协同发展,增强各行业的创新能力和经济发展新优势、新动能。2016年 12 月,商务部、网信办和发改委联合出台了《电子商务"十三五"发展规划》,明确到 2020 年三大发展目标、五项重点任务和十七项专项行动。农业部、发改委、网信办等八部门联合出台了《"互联网＋"现代农业三年行动实施方案》,提出大力发展农村电子商务,开展农村电子商务示范工程。云南、四川等省政府也出台了支持电子商务发展补助政策、支持跨境电商的地方性政策。

(二)电子商务支撑能力全球领先

随着我国电子商务的爆发式增长,电子商务引发了丰富的产业生态现象,

使得我国电子商务支撑服务水平不断提高。电子支付、物流服务、运营服务等相关衍生服务发展迅速。当前我国电子商务的支撑服务能力处于全球领先地位。首先,电子支付能力达到世界先进水平。截至 2016 年年底,央行累计发放第三方支付牌照 270 张。其次,快递行业成长迅速。根据国家邮政局的数据,2016 年我国快递包裹数量突破 300 亿个。2016 年 1—11 月,全国快递服务企业业务量累计达到 278.9 亿件,同比增长 52.8%;业务收入为 3544.1 亿元,同比增长 44.3%。"十二五"期间,我国快递业务量和业务收入分别增长了 7.8 倍和 3.8 倍;快递服务公众满意度从 68.7 分提高到 74 分,时限准时率水平总体保持平稳。邮政、快递企业实施大投入,实现了"两大建设"成果:第一,大网络,18.3 万处快递服务网点遍布城乡,全国新建、在建快递物流园区超过 200 个,干线车辆超过 20 万辆,已有 3 家自主航空公司,运营全货机 81 架;第二,大品牌,已有 6 家年营业额突破 300 亿元的品牌企业,同时,电子运单、自动化分拣、智能化终端技术广泛应用,智能快件箱、快递公共服务站、连锁商业合作、第三方服务平台等创新模式不断涌现。最后,电子商务运营服务能力不断提高。电子商务兴起以来,电子商务服务商呈现出多元化和细分化的特点,服务内容从店铺装修、摄影模特、运营服务、客户关系管理到大数据咨询、产品配送、仓储物流等。阿里研究院的数据显示,在阿里巴巴的"中国零售平台"上,有 4000 余家代运营商依托淘宝、天猫平台为品牌商及卖家提供服务。

(三)网络零售进入"提质升级"新阶段

B2C 交易模式的市场份额逐渐提升,到 2018 年,B2C 的交易额将是 C2C 交易额的 2 倍,达到我国零售电商市场份额的 68%。C2C 交易模式是我国零售电商高速增长的起点,但经过数年的发展,我国零售电商已经步入成熟期,市场逐渐向规范化、品质化及多元化方向发展。在此趋势中,B2C 市场交易规模占比逐年上升并在 2015 年首次超过 C2C 的交易规模。相较于 C2C,B2C 交易模式迅速发展的原因在于:第一,监管政策的支持。企业(B)是正式注册登记的企业,便于监管部门对相关交易进行监督和管理。第二,消费者的信任。企业(B)的可靠性整体上比个人(C)卖家更高,用户更愿意信赖企业卖家。第三,消费者对品质的追求。企业(B)卖家的大量线下知名品牌逐渐上线销售,在很大程度上增强了用户在线上购买的动力。同时,线上线下互动创新激发了实体商业发展活力,有效拓展了消费新领域,共享单车、共享汽车、餐饮、家政等生活服务类行业应用移动电子商务创新发展成效突出,成为便利居民消费的新方式。

(四)跨境电子商务由点到面逐步扩大

2016年5月,商务部出台跨境电商的鼓励政策,对跨境电商零售进口有关监管要求给予一年的过渡期,即继续按照试点模式进行监管,对上海等10个试点城市经营的网购保税商品"一线"进区时暂不核验通关单,暂不执行化妆品、婴幼儿配方奶粉、医疗器械、特殊食品(包括保健食品、特殊医学用途配方食品等)的首次进口许可批件、注册或备案要求;对所有地区的直购模式也暂不执行上述商品的首次进口许可批件、注册或备案要求。在试点城市的示范引领和海关监管、检验检疫、进出口税收、结售汇等优惠政策推动下,2016年,中国进出口跨境电商(含零售及B2B)整体交易规模达到6.3万亿元,同比增长23.5%。2016年,中国海淘用户规模达到0.41亿,同比增长78.3%。预计到2018年,中国海淘用户预计将达到0.74亿。

(五)农村电商成为电子商务发展的亮点

2016年全年,全国农村网络零售额为8945.4亿元,约占全国网络零售额的17.4%,其中实物型网络零售额为5792.4亿元,服务型网络零售额为3153亿元。全年农村网络零售额季度环比增速均高于城市。东部地区农村产业基础好,电商渗透率高,网络零售额达5660.8亿元,占全国农村网络零售额的63.3%。中西部地区发展迅速,平均季度增幅达16.6%,高出东部地区3.2个百分点。2016年,国务院继续推进电子商务进农村综合示范工作,带动了各类企业加速进入农村电子商务领域。例如京东、苏宁已分别在1000多个县建立了县级服务中心或直营店;中国邮政集团的"邮掌柜"系统覆盖了20多万个农村邮政服务站点;菜鸟公司发力推进农村物流建设。农村电子商务的发展不仅助力扶贫攻坚,还吸引了大量农村青年、大学生和农民工返乡创业创新。国务院相关部门扶持力度持续加大,将进一步加强农村电商公共服务能力建设,推动农村经济转型升级。

(六)制造领域电子商务向供应链上下游快速拓展

从整个产业链条来看,越是靠近消费端的环节,其网络化程度越高,越是靠近生产端的环节,其网络化程度越低。根据阿里研究院的数据,从消费者、广告营销、零售、批发到制造业,基本的互联网化比例大致为 48%、28%、10.6%、1%、0.1%。当前,由电子商务带动的制造业正在我国悄然转型。电子商务模式弥补了传统供应链的不足,它不但局限于企业内部,而且延伸到供应商和客户,甚至供应商的供应商和客户的客户,建立了一种跨企业的协作,覆盖从产品设计、需求预测、外协和外购、制造、分销、储运和客户服务等全过程。2015 年,中国制造业领域电子商务采购和销售普及率进一步提升,平均达到 37.24%,部分行业接近 60%。制造业企业通过建立集采集销平台,实现了上下游信息的高效整合及对中小企业的辐射引领;综合型电子商务平台逐步从单纯提供信息发布向交易服务、供应链金融等方向转型;行业性电子商务服务平台的业务范围已开始向网上交易、物流配送、信用支付等服务领域拓展。

(七)电子商务带动直接就业和产业链上下游就业成效显著

电子商务已经成为大众创业、万众创新的新引擎。截至 2016 年年底,全国通过开设网店直接创业就业的人员已超过 1400 万人。电子商务还带动了网店装修、网店客服、物流等上下游产业链的就业。以阿里巴巴为例,截至 2015 年年底,阿里平台总体为社会创造 3083 万个就业机会,其中交易型就业 1176 万、支撑型就业 418 万(电商物流 203 万,电商服务业 215 万)、带动型(衍生型)就业 1489 万,主要包括上下游制造业、批发业、金融、物流、服务商等行业和岗位。电子商务的高速发展和国家政策的积极扶持,带动了资本市场对电子商务创业的关注和支持,极大地促进了企业和个人通过电子商务创业、就业的热情。

第三章

国际数字贸易体系

第一节　国际贸易企业

一、我国现代贸易企业发展历史

回顾中国改革开放 40 余年国际贸易的发展,1978 年改革开放之后,随着我国贸易的复苏,贸易企业的发展经历了三个阶段。

(一)第一阶段:国有专业外贸企业为主

1978—1990 年,当时外贸企业发展的背景是为国家多创汇。为了满足国家外汇收支平衡和进口用汇的需要,外贸企业普遍存在重规模、轻效益的特点。曾经一度以创汇为主要考核指标,企业过于追求出口规模,出现大量亏损,有相当一部分是政策性亏损。仅在 1988—1990 年承包经营期间,上海专业外经贸企业就形成几亿元的超亏挂账。外贸领域中私营企业比例较少,那时候私营企业商品的进出口必须通过国有的外贸公司代理。

当年作为我国对外贸易和国际经济合作的主力军——国有专业外经贸企业,为中国出口创汇、增加外汇储备、拉动国民经济增长和保持社会稳定等做出了积极的贡献。然而,辉煌的历史已成为过去,现在我们看到的是专业外经贸企业为了出口垒筑的巨额债务,使其步履维艰。随着改革的不断深化,外经贸企业逐渐由计划性、垄断性实体,向市场经济下自主经营、自负盈亏的实体转换;外贸经营权的放开,越来越多的外资企业、民营企业加入了出口的队伍。当专业外贸企业拖着沉重的巨额债务在市场经济竞争中艰难行进时,也曾采取过一些办法解决企业的历史债务,但大多未达到预期效果。

(二)第二阶段:民营外贸企业增加

1990—1999 年,民营外贸企业的比重开始增加。1990 年,国家取消了对外贸易出口的政策补贴,外贸经营权放开,企业实行自主经营、自负盈亏。1994年,人民币汇率并轨,给国有外贸企业发展带来新机遇,但相当一部分企业急于扩张、盲目投资,管理跟不上,造成经营亏损。国有专业外贸企业大多成立于计划经济时期,国家对其投入的资本金少。

(三)第三阶段:生产型贸易企业为主

我国加入世界贸易组织前做了充分的准备,对可以参与贸易活动的企业放款,生产型外贸企业的比例开始增加。1999—2001 年,上海市专业外贸企业的一组数据反映:国拨资金 18 亿元,仅占总资产的 8.4%,企业流动资金主要靠银行贷款。当时,专业外贸企业的银行贷款全部由中国银行提供,外贸企业的贷款少则上亿元,多则十几亿元。企业平均资产负债率接近 90%。国有外贸企业自有资金少,贷款利息负担重,管理费用高。由于外贸企业的总资产以流动资产居多,可供抵押的资产十分有限,为满足银行贷款手续,企业之间又不得不选择相互担保。这种无奈的选择,增加了企业的或有负债,企业抵抗资本波动能力十分脆弱。据 2002 年年底统计,上海国有外贸企业在中国银行上海市分行共贷款 87.66 亿元,按银行"五级分类"统计,其中不良贷款已占 80%。此外,专业外贸企业相互担保的贷款占贷款总额的 76%。一触即发的"多米诺骨牌"效应,将导致国有外贸企业庞大债务链的整体崩溃。为此,需要国有外贸企业与银行业一起寻找一条既能解决上海国有外贸企业的债务包袱,又能化解国有银行贷款风险的"银企双赢"的途径。

1999 年 1 月 1 日,国家开始执行《关于赋予私营生产企业和科研院所自营进出口权的暂行规定》,国家对外经济贸易合作部正式开始授予私营企业自营进出口权。私营外贸企业从无到有地缓慢发展,小部分私营企业开始登上外贸舞台。2001 年 7 月,国家颁布了《关于进出口经营资格管理的有关规定》,进出口经营资格实行登记和核准制,外贸流通经营资格:企业应具备企业法人资格,成立一年以上,注册资本(金)不低于 500 万元人民币,中西部地区不低于 300 万元人民币。生产企业自营进出口权的资格条件:注册资本(金)不低于 300 万元人民币,中西部地区、少数民族地区不低于 200 万元人民币,科研院所、高新技术企业和机电产品生产企业不低于 100 万元人民币。2003 年 7 月 30 日商务部发出了《商务部关于调整进出口经营资格标准和核准程序的通知》,该通知规定外贸流通经营资格实行核准制,生产企业自营进出口资格实行登记制。申请外贸流通经营资格的条件调整为注册资本(金)不低于 100 万元人民币(注册在中西部地区的内资企业不低于 50 万元人民币);生产企业申请自营进出口资格的条件注册资本(金)不低于 50 万元人民币。

我国于 2001 年加入世贸组织至今,国有外贸企业面临着越来越激烈的国内外竞争,不少企业举步维艰,甚至连生存都成了大问题。面对新的形势,国有外贸企业如何转变自身的运作机制,与国际接轨,建立适应国际发展潮流的战略,从而赢得属于自己的发展空间,已经成为国际贸易实务课程前沿研究领域新的课题。

1. 国有外贸企业的生存和发展空间受到极大挑战

我国于 2001 年加入世贸组织后,外贸经营主体多元化格局已经形成。国家对外贸易领域的改革不断扩大和深化,出口经营主体进入了多元化时代,私营企业如潮水般涌入出口企业队伍中,迫使国有外贸企业从"奔驰时代"坠入了今天的"桑塔纳时代",打破了传统的国有外贸企业一统天下的局面。按照对外谈判承诺,我国在加入世贸组织 3 年后进出口经营权将实行登记制,外商投资企业不仅可以经营本企业产品的出口,也可以经营其他国内企业的产品出口。民营企业的迅猛发展,以及拥有资金、品牌、现代营销网络和营销手段等优势的跨国公司的大举进入,预示着国有外贸流通企业"与狼共舞"的时代已经到来。2003 年 1—8 月,民营企业出口为 345.2 亿美元,同比增长 80%,占全国出口比例近 13%。可以想象,外资企业和民营企业的不断加入,将给国有外贸流通企业带来更大的竞争压力。

2. 外贸体制改革使国有外贸企业逐渐失去原有优势

2003 年下半年,三大项外经贸改革对国有外贸公司的打击是伤筋动骨的:

一是 2003 年 7 月 30 日商务部发出的《商务部关于调整进出口经营资格标准和核准程序的通知》规定，从 9 月 1 日起大幅度降低进出口经营权的门槛，众多中小企业将一下子涌入出口大军中。二是 2003 年 9 月 10 日，中国商务部外资司在投洽会上公布了一个震惊业界的重磅消息，中国将提前放宽贸易限制，跨国采购集团将获准独立出口。允许外商在我部分地区设立独资出口采购中心，从事境内产品的采购出口业务及相关的配套服务，而且享受出口退税。三是 2003 年 10 月 14 日，国务院发布了关于改革出口退税机制的决定，这是 1994 年税制改革以来有关出口退税政策的最大一次改革，对外贸出口产生了重大影响。三大改革意味着国有外贸企业垄断地位的彻底丧失。值得关注的是，从国家将退税政策向生产性企业倾斜，同时提前放开外商在中国的独资采购权，让生产企业直接与大型外资采购商和出口商接触来看，国家某些政策正在向实业领域倾斜，这种倾斜使生产企业有更多的资金投入研发和生产。我国国有外贸企业在改革开放以前直至加入世贸组织前夕，一直肩负着为国家出口创汇的重任。由于国家政策的扶持和行业的多年垄断式经营，形成了国有外贸企业的"奔驰时代"，但随着中国加入世贸组织后关税不断调低、外贸经营权门槛降低、私营和民营公司对外贸易领域的快速介入，国有外贸公司很快进入了"桑塔纳时代"。

3. 单一的外贸经营渠道已不能保证国有外贸企业的生存和发展

由于市场被私营企业分割以及国外跨国公司在华的规模采购，传统国有外贸企业的市场空间越来越狭窄，仅靠代理出口赚取微利已经不能满足企业的生存和发展，为了适应我国市场经济发展和经济全球化发展的趋势，国内外市场将进一步融合。特别是在买方市场条件下，流通企业只有实行内外贸并举，才能得到发展。

4. 人才流失成为国有外贸企业生存的另一个致命杀手

加入世贸组织后，随着外资企业和私营企业大量进入外贸行列，外贸人才成为商场争夺的关键资源。国有外贸企业培养的懂技术、懂市场、懂多种语言的高素质专业人才在市场经济洪流中选择更能体现他们自身价值的经济利益。他们的流失不仅导致培育他们的国有外贸公司的工作陷入停滞状态，更主要的是他们同时带走了大量的客户资源和本地货源，这直接阻碍了企业的经营和发展。

5. 国际市场环境受多种因素的影响,呈现出复杂多变的特征

以当前化工市场为例,化工产品的进出口贸易不仅受市场需求大小的影响,还受进口国家相关政策的影响,如危险品包装证书、危险等级限制等的影响。例如,从 2005 年 3 月 1 日起,所有出口北美、欧盟、澳大利亚等国货物的木质包装应使用统一的熏蒸标识。如果标识使用不规范将直接导致经济损失。

6. 大量海外拖欠的应收账款严重影响了企业的正常运作

据海关公布的统计数据,我国出口累计完成超 2936.9 亿美元。但在这样庞大的出口规模背后,却有一个问题——坏账率。2004 年,我国从事进出口业务的公司坏账率在 5% 以上,以这样庞大的出口规模测算,至少有 150 亿美元的海外拖欠款没有收回。

二、外贸企业改革发展的对策

面对新的形势,国有外贸企业必须深化改革、积极应对挑战。只有通过深化改革,国有外贸企业才能在激烈的国内外市场竞争中站稳脚跟,避免被淘汰出局。实践表明,改革后的外贸企业仍有用武之地。国有外贸企业的改革发展要做好以下两方面工作。

(一)实施品牌经营

品牌是影响企业竞争力的一个重要因素。目前,国有外贸企业知名品牌很少,甚至没有品牌。这不仅影响了企业的效益,企业本身也难以得到发展。国有外贸企业应注重对品牌的培育,通过品牌尤其是知名品牌增强对供货企业和资源的控制,稳定和提高产品的市场占有率。同时,通过运用品牌这一无形资产的经营,国有外贸企业可以为自己的产品树立更好的形象和信誉,从而增强国际竞争力。

外贸企业可以通过购买和签约许可的方式经营一些世界著名品牌。例如,美国迪士尼公司创立并拥有很多品牌,这些品牌通常通过一些中间商来经营。这些中间商通过对产品的研发、设计、宣传,不断向市场推出最新产品。通过这种办法,再将商品打入大型连锁商店和市场。由于这些中间商向市场推出的产品重点体现在"新"字上,同时又打造出自己的品牌,他们的产品不仅可以领导潮流,还可以引导消费,从而创造市场。这样,他们就避开了一般意义上的商品竞争,走上了品牌经营之路。

对于进出口企业来讲,并不一定要营造家喻户晓的品牌形象,可以通过为国际买家提供增值的机会和空间,来提升自己在进出口业界的知名度。随着知名度的提高和买家对企业品牌信任度的增加,出口企业将获得越来越多的订单,生存和发展空间将进一步拓展。

(二)进一步培育企业核心竞争力,真正把外贸企业集团做强、做大

国有外贸企业真正做强、做大,关键应提高"三个力",即科技开发能力、市场竞争能力和抗风险能力,其重要内容就是要打造核心竞争能力,实施专业化经营。一些中间商从一般贸易转向商品研发、设计和营销策划,为大型连锁商店提供最新商品,以自己的专业化生产实力,成为他们不可缺少的合作伙伴。

1. 延伸产业链条

外贸公司可以根据企业实际情况,通过收购、兼并、联合、参股等多种方式,投资与公司主营业务相关的工业、农业领域,实现科、工、农、贸的优势互补和有机结合,延伸产业链条,建立专业化、系列化的产品生产基地,从而稳定和扩大货源渠道,增强发展后劲。

2. 大力转变经营模式

第一,积极推行外贸代理制。外贸企业应转变观念,充分发挥自身在人才、信息、销售渠道等方面的比较优势,既要为生产企业出口商品,又要提高代理服务质量,做好售后服务工作。同时,积极建立境外贸易代理网络,通过境外贸易代理扩大国内产品出口,提高自身竞争优势。

第二,实行内外贸并举的方针,积极建立国内市场的营销网络,扩大企业经营规模和效益。国内营销网络的建立有利于企业扩大进口。

第三,大力推进电子商务建设,促进电子商务与传统商务方式相结合,确立新的信息优势。外贸企业应创建有特色的商务网站和电子商务平台,宣传企业产品,吸引外商和国内企业进行业务洽谈。

第四,积极开展与国外大批发商的合资、合作,成为国外大批发商的国内贸易伙伴,拓宽销售渠道,扩大销售网络。

3.创新外贸环节的管理机制

外贸环节管理机制需要从以下三个环节来完善。

(1)建立以资金管理为核心的财务管理制度

在财务管理上,管理出效益表现得更为明显。外贸企业建立财务管理制度,主要包括四个方面的内容:

一是加强资金的运作。外贸企业必须特别重视和加强资金的运作管理,对于资金筹措、资金使用、资金回收都应有严格的规定。特别是用于投资建设项目的资金,必须做好周密的可行性研究,制定投资风险防范措施,确保投资效益。

二是加强成本核算。对构成成本的每一项费用,都应规定先进合理的指标,并与个人所得挂钩,激励和促进职工精打细算、勤俭节约、降低费用。

三是加快资金周转,提高资金使用效率。对压缩产品库存、回收应收账款、办理退税和银行结汇等涉及资金占用和资金周转的环节,亦应规定明确指标,并与个人利益挂钩。严格控制授信额度,改善经营质量。专人负责对销售合同的审批,对相对应的控制占用资金额度大、利润率低的业务实现战略转型。

四是资源倾斜、从严管理。在资源配置上对公司核心业务和有发展前景的培育业务给予重点支持,向核心的大业务倾斜;严格控制非重点业务的资源投入,严格限制经营机构非主营业务方向的业务经营,严格控制对中小客户的授信。对于一家专业的进出口公司而言,除了部门资金用于日常的管理和相应的固定资产以及劳动成本的开支外,要将有限的资金主要用于采购商品和满足国际客户的资金占用。可以说,这部分资金是非常有限的,如何将这部分资金充分地运转起来并带来更大的经济效益是外贸企业应该重点关注的问题。

(2)建立客户资信和合同档案制度

这是决定外贸业务性质的一项特殊要求。客户是外贸企业的"上帝",营销渠道是外贸企业的无形资产。由于管理的漏洞,客户往往成为外销人员的私人财产,如果外销人员流动"跳槽",会将客户一并带走,使企业蒙受经济损失,造成国有资产流失。外贸企业必须建立客户资信和合同档案制度,消除因外销人员流动"跳槽"带走客户的可能。只有建立资信档案制度,对我国国有外贸企业的客户进行全方位了解,才能避免因客户的资信变更而给我们带来经济损失。

(3)成立营销管理部门,对业务经营部门的操作进行监督、预警

加强货物流转过程的监督,选择服务质量好、资信度高的物流服务公司,由专门的物流管理人员对货物进行全程跟踪,及时发现并解决在货物运输过程中出现的问题,确保及时、准确地将货物交给买方。

三、数字贸易对于外贸企业的影响与冲击

自20世纪90年代以来,以计算机技术、通信技术和信息网络技术为基础的现代高科技把工业经济推向一个全新时代——知识经济时代,电子商务便是这个新时代的主要特征之一。经济全球化及中国加入WTO,加速了中国经济与世界经济接轨的步伐,同时极大地刺激了中国电子商务的发展,出现了许多巨资投入外贸网站,如中国国际电子商务网、亚洲资源、中国出口商品网、美商网注册、阿里巴巴、中贸网、中企网等。由北京互联网发展中心(BIDC)开展的中国出口企业电子商务趋势抽样调查显示:目前,已有4.5%的出口企业广泛开展电子商务,有31.2%的企业初步开始,有28.7%的企业准备开始,有12%的企业已有考虑,只有23.6%的企业还没有考虑,电子商务在我国的外贸商务活动中正担任着越来越重要的角色。

(一)电子商务在我国外贸企业中的优势

外贸企业可以凭借已建立的供应链系统完成以产品设计、生产到分销、仓储和售后服务等与上下游企业紧密衔接的全球市场,使企业减轻对实物基础设施的依赖。外贸企业可以24小时进行商业活动,员工可以更加自主地支配工作时间,能够迅速回应客户,而不受各地时差的影响。

电子商务有利于提高外贸企业的国际竞争力。外贸企业可以通过建立自己的企业网站或者相关的外贸站点来主动发布有关供求信息,而不必在海外建立销售网络、设立办公地点。通过网络,可以便捷地了解海外市场情况,使企业跨越地域、空间造成的隔阂,在全球任何一个地方开展生产经营活动,与世界各地的消费者建立联系,把企业的产品或服务推销到全世界各个角落。外贸企业可以借助网络宣传自己的形象,扩大知名度,逐渐利用电子商务这一先进工具,为增强企业的国际市场竞争力服务。

(二)我国外贸企业电子商务发展中存在的问题

1. 电子商务的安全问题

目前,阻碍电子商务广泛应用的最大问题是安全问题,对于中国来说,网络产品几乎都是"舶来品",本身就存在安全隐患,加之受技术、人为等因素的影响,不安全因素凸显。在经济日益电子化后,病毒感染、黑客侵袭等问题频繁发生,人们对在网络上进行电子商务的安全性产生疑虑。此外,尽管网络交易的行为使商业活动无国界、充满商机,但企业能否建立一套安全的支付制度成为网络商业化是否有突破性发展的关键。

2. 电子商务的法律问题

在电子商务交易中,合同的订立过程几乎都在网络上进行,电子数据的输入即为要约,发出即为承诺,要约和承诺的送达只需要几秒钟,传统的合同已经被当事人的计算机终端取代。因此,外贸企业很难用传统的国际贸易法律来判断外贸合同是否成立。此外,网络信息的隐私权与知识产权保护、电子数据及网上信息的证据效力、电子签名和认证的局限性、无形产品的网络交易对征收海关进出口关税和国内其他财政贸易政策与市场准入等问题,都要求在贸易立法上做出相应的调整和变更,使之有利于保护贸易当事人的合法权益,促进国际贸易遵循统一的国际条约和国际惯例运行。

3. 外贸企业自身利用电子商务的程度较低

目前,我国许多外贸企业仅仅开发利用了电子商务的基础功能,即利用网络进行信息发布、与客商联系等工作。企业办公自动化、进出口业务系统应用等方面还处于较低水平。来自中国出口企业电子商务应用调查报告显示:58.7%的企业已经安装办公自动化或进出口业务软件,但是,其中32.9%的企业使用效率不高。此外,大多数企业没有专用网连接管理机构,只有22.5%的企业已经有专用网连接管理机构,准备连接的也只占22.2%,这些都严重制约了我国外贸企业的发展,导致电子商务实现的难度增大。

4. 外贸企业缺乏大量的电子商务人才

企业的竞争归根结底就是人才的竞争,发展电子商务,离不开电子商务人才。电子商务所涉及的领域众多,包括技术、经济、管理、法律等。对外贸企业而言,只有既懂得计算机网络知识,又熟悉外贸业务操作流程,同时还具备一定外贸法律和电子商务法律知识的复合型人才,才是企业最为宝贵的资源。但多数高等学校所开设的电子商务专业过于侧重对技术层面的培养,没有凸显电子商务的整体优势,这与外贸企业实际需求的人才存在较大差异,电子商务人才的短缺与不足,将在今后数年内直接影响我国外贸企业电子商务的发展。

四、贸易企业类型

(一)中间商型贸易企业

贸易企业从狭义角度来说主要是从事销售的企业,即贸易中间商。外贸企业是指有对外贸易经营资格的贸易企业,它的业务往来重点在国外,通过市场调研,把国外商品进口到国内来销售,或者收购国内商品销售到国外,从中赚取差价。

按照企业股权结构以及公司类型,可分为有限责任公司和股份有限公司、非公司制企业法人、合伙企业、个人独资企业等类型。其中有限责任公司因投资者的不同,还包括国有独资公司、国有混合所有制、民营企业等类型。按照经营方式不同,以及是否拥有商品所有权,可分为经销商(中间商)、代理商。广义的中间商型贸易企业还包括进出口商人、一切经纪人等。

1.经销商(中间商)

中间商是指在生产者与消费者之间参与商品交易业务,促使买卖行为发生和实现的、具有法人资格的经济组织或个人。其功能是提高销售活动的效率、储存和分销产品、监督检查产品、传递信息。它是联结生产者与消费者的中间环节。经销商是在商品买卖过程中拥有商品所有权的中间商,按其在流通过程中所起的不同作用,又可分为批发商和零售商,是不直接服务于消费者的中间商。

2.代理商

代理商又称为商务代理,是在其行业管理范围内接受他人委托,为他人促成或缔结交易的一般代理人。代理商是代厂商打理生意,而后收取佣金的一种经营行为。代理商的建立,可以分担厂商的风险,使厂商与代理商共同拉动市场从而降低厂商的经营风险。在代理商的层次上,除设立总代理外,代理商还可以根据厂商的渠道模式,下设一级代理或区域代理同时与终端销售商合作。代理商从简单的分销转换成具有管理职能的渠道维护者,除业务管理外,代理商同时具备品牌管理、促销管理、服务对接、财务管理等职能。

一般而言,外贸企业的业务范围既包括代理、经销,也包括买卖,它可以是代理商,也可以是中间商。代理商是签订代理合同,进行销售然后收取代理费用或提成;而中间商是先买产品然后自己去卖。这里面存在风险由谁负担和资金的问题。中间商赚取的是商品的差价,买入与卖出会有比较大的资金需求,资金占款比较大;而代理商赚取的是佣金,自有资金占有较少,资金压力也较小。代理商承担更小风险,而且不提供供应商的资金融通。

(二)生产型贸易企业

生产型企业只进出口自己生产的产品和与产品相关的设备原料,生产型企业范围比较集中。相对而言,贸易型企业可以进出口许可范围内的所有商品,贸易型企业范围大,除特定商品外,一般为进出口所有商品。生产型企业国内生产部分发生的增值税,可以申请出口退税。

外贸型企业实行免、退税方法,为鼓励出口对本环节中的增值部分免税,进项税额退税;所退税额是国内采购部分发生的增值税。

(三)服务型贸易企业

为贸易服务的企业包括物流仓储企业,如国际运输仓储、国内运输仓储;金融企业,如银行、保险公司、保理公司、融资租赁公司等,以及各类贸易检验检疫公司。

其中,进出口商品检验(简称商检)是由国家设置的检验管理机构或由经政府注册批准的第三方民间公证鉴定机构,对进出口商品的品质、数量、重量、包装、安全卫生、检疫和装运条件等进行检验、鉴定和管理工作,包括:各种进出口商品的品质、卫生、安全质量检验(包括感官的、物理的、机械的、化学的、生物的和微生物检验);各种进出口商品的数量鉴定(包括衡器计重、水尺计重、容量计重),以及整批货物和包装内货物的数量鉴定(包括件数、长度、面积、体积等);

各种进出口商品的包装、标记鉴定,各种进出口货物的货载衡量,进口货物承运船舶的舱口检视、监视卸载、载损鉴定和进口商品的残损鉴定;出口货物承运船舱、车厢和集装箱的有关清洁、卫生、密固、冷藏效能等适载条件检验,以及积载鉴定和监视装载。

一般来说,服务型贸易企业大致要经过接受报检、抽样制样、检验拟稿、签证放行等环节。具体步骤是由具有申请检验资格的单位,按照申请检验鉴定的工作项目,填写报验单,提供应附的有关单证,在限定的时间内到当地商检机构申请检验,商检机构受理报验申请后,经专业检验人员经过一系列抽样、制样和检验鉴定工作,拟制检验鉴定结果证稿,最后签发相应的检验或鉴定证明书。

综上所述,各类与贸易相关的企业构成了一个庞大的贸易体系,如图3-1所示。中间型贸易企业是位于生产企业与消费者之间的桥梁;生产企业不断壮大后走向海外市场,将会自建贸易部门,可以成长为生产型贸易企业;其他服务型贸易企业为便利贸易提供各类服务。

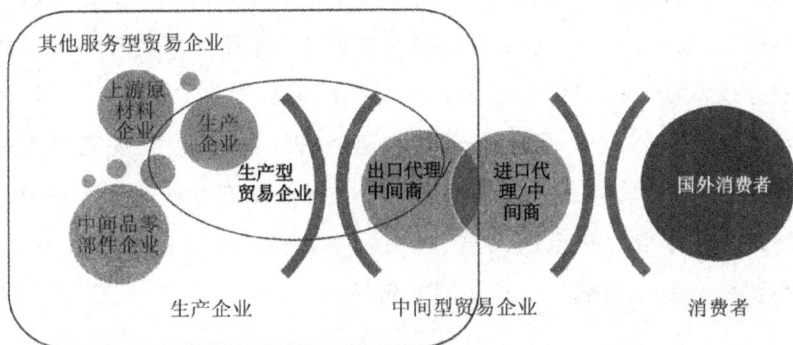

图3-1　贸易体系

第二节　国际贸易基本流程

一、国际贸易谈判与磋商

外贸企业开展国际贸易的首要工作是对国际市场进行调研,主要包括以下五个方面。

(一)国别(地区)调研

调研的内容包括:政治情况,包括政治制度、对外政策、政党活动、对我国的态度等;经济情况,包括财政政策、货币政策、失业情况、自然资源等;文化情况,包括风俗习惯、商业习惯、消费习惯等;对外贸易情况,包括进出口商品结构、数量、金额、贸易对象、外汇管制、关税和商检情况,以及与我国的贸易关系等。

(二)对目标市场的调研

调查目标市场对产品本身的质量要求、供求关系、销售价格;贸易相关的法律规定及贸易壁垒、外汇管制等经济金融制度,以及文化背景、风俗习惯等宏观环境因素。

(三)对国外客户的调研

了解客户的支付能力、经营能力、经营作风、经营范围。在没有互联网电子商务的时期,了解国外客户需要靠长期交往积累,或者需要政府、使馆、银行等部门的推荐或认证。由于信息不发达,了解国外客户的成本高,出现信息不对称而导致的风险大,对于外贸工作者在沟通、法律、协调、公共关系等方面能力的要求也很高,因此只有大型企业才有实力应对信息不对称的成本与风险。随着互联网跨境电子商务平台的发展,越来越多客户的交易历史数据被整合,有助于中小贸易企业以更低成本参与国际贸易。

(四)对竞争者的调研

知道谁是竞争对手;掌握竞争者的产品特性(包括优势和劣势);掌握竞争者的经营策略、经营方法、促销手段、销售渠道,以及是否有不正当竞争行为;掌握竞争者对自己产品的评价。

(五)对销售渠道的调研

销售渠道是产品由生产者到消费者所必须经历的通道。销售渠道具体表现为销售机构和个人,它是联结生产者和消费者的桥梁,统称为中间商(包括批发商和零售商两类)。是否需要中间商,取决于商品价格高低、商品消费面是否广泛、商品自身特性,以及生产者是否具有销售经验等。

综合以上资信,制订出口经营方案。出口经营方案是在广泛、深入的市场调研基础上,对市场信息进行筛选、分析、归纳,结合本企业的经营战略目标和企业本身的特点,综合内外可控制与不可控制因素制定的行动方案。

出口经营方案的内容主要包括计划概要、市场现状分析、机会与问题分析、目标、市场营销策略、行动方案、预计盈亏核算和控制措施等内容。

二、交易磋商

在国际贸易中,买卖合同的订立只表达了当事人的经济目的,只有双方当事人严格按照合同规定履行各自的义务,双方期望的经济目的才能达到。履行合同既是经济行为,又是法律行为,如造成违约,违约方应承担相应的经济责任和法律责任。

交易磋商是指买卖双方就买卖商品的有关条件进行协商以期达成交易的过程。它是贸易合同成立的基础,是国际货物买卖过程中不可缺少的环节。交易磋商的主要内容是合同条款,不仅包括品质、数量、价格等合同的主要条款,有时还包括商检、索赔、仲裁等一般交易条件。在交易磋商前,外贸企业必须对客户进行多方面调查研究,包括资金情况、经营范围、业务性质及经营能力。

(一)交易磋商的形式

交易磋商从形式上可以分为口头磋商和书面磋商两种。

(1)口头磋商——商务谈判

口头磋商主要指在谈判桌上面对面的谈判,如参加各种交易会洽谈、贸易小组出访及邀请客户来洽谈等。

(2)书面磋商

书面磋商是指洽谈交易是通过信件、电话、电传或电子邮件等通信方式来进行、双方不见面的间接谈判。书面磋商一般是在有潜在交易意向、已经有过贸易往来或是需要寻求新的可交易对象时采用。

随着通信技术的发展,国际贸易的询盘、发盘、还盘、接受可以通过传真、电子邮件,甚至跨境电商平台等形式,这些都成为国际贸易谈判与磋商的新渠道。

交易磋商的内容是围绕合同条款进行的。这些条款包括商品的品质、数量、包装、价格、装运期、保险、支付、商检、索赔与争议、仲裁与不可抗力等。只有双方对所磋商的条款都无异议,销售合同才能签订。在实际操作中,书面磋商方式使用得最为广泛。

(二)交易磋商的程序

交易的磋商程序主要包括四个环节:询盘、发盘、还盘和接受。

1. 询盘

询盘,又称询价,是指买方为了购买或卖方为了销售货物而向对方提出有关交易条件的询问。询盘在法律上称为要约邀请,询盘不是交易磋商的必经步骤。询盘中应注意:询盘的法律效力,询盘对于询盘人和被询盘人均无法律约束力;此外,不要滥发询盘,若让对方知道,会引发不良后果。

2. 发盘

《联合国国际货物销售合同公约》(以下简称《公约》)第十四条(1)款对发盘作了如下定义:"向一个或一个以上特定的人提出的订立合同的建议,如果十分确定并且表明发价人在得到接受时承受约束的意旨,即构成发价。"

根据《公约》的规定,一项有效发盘的构成必须具备以下条件:向一个或一个以上的特定人发出;发盘必须以订立合同为目的。发盘的内容必须十分确定;"清楚、完整、无保留条件"。发盘人须有当其发盘被接受时而受约束的表示。发盘必须送达受盘人;发盘在送达受盘人时生效。

发盘与商业广告有以下两点区别。

(1)与报纸、广播、电视或招贴的商业广告的区别

报纸、广播、电视或招贴的商业广告,一般被视为邀请发盘的行为,也可以看成一种商业推广或商业吹嘘手段。

(2)一般情况下,发盘的受盘人应当是特定的人

根据交易条件的完整性,可以区分为实盘与虚盘。

实盘是一种对发盘人具有法律约束力的发盘,是指发盘人有订立合同的肯定意思,一经受盘人在有效期内接受,发盘人便受其约束,不得变更或反悔,否则将承担违约的法律责任。一项实盘必须符合四点要求:①内容必须十分明确;②主要交易条件必须完整;③发盘中未附任何保留条件;④必须规定有效期。

虚盘,实际上指的是要约邀请。它是一种内容不肯定,交易条件不完善、不明确、附有保留条件的发盘。虚盘对发盘人没有约束力,情况一旦发生变化可以修改内容,即使受盘人表示接受,仍需发盘人确认后才发生效力,合同才算成立。

在出口业务中,区分一项发盘属于实盘还是虚盘,通常表现在文句上。实盘一般应明确有效期限,虚盘一般应加上"以我方最后确认为准"或"以我货未售出为准"。凡是明确规定有效期限的发盘,该发盘在规定的有效期限内对发盘人有约束力;未明确规定有效期限的发盘,在合理时间内对发盘人有约束力。

3. 还盘

还盘,又称还价,是受盘人对发盘内容不完全同意而提出修改或变更的表示。还盘既是受盘人对发盘的拒绝,也是受盘人以发盘人的地位所提出的新发盘。一方的发盘经对方还盘以后即失去效力,除非得到原发盘人同意,受盘人不得在还盘后反悔,再接受原发盘。

4. 接受

接受是指交易的一方无条件地同意对方在发盘(或还盘)中提出的各项交易条件,并愿意按这些交易条件达成交易并订立合同的表示。法律上称之为承诺。接受如同发盘一样,既属于商业行为,也属于法律行为。发盘一经接受,合同即为成立,对买卖双方都产生了法律上的约束力,双方当事人必须严格遵照执行,否则即为违约。

构成有效接受的条件包括四点:①接受由受盘人做出;②接受的内容必须与发盘的内容一致;③接受须以声明或行为做出;④受盘人必须在发盘有效期限内接受。

发盘发出后,送达收到之前,发盘人是否可以撤回发盘或变更其内容,在发盘接受之前,是否可以撤销发盘,英美法与大陆法有很大争议。根据《公约》的规定,一项发盘(包括注明不可撤销的发盘),只要在其尚未生效以前,都是可以修改或撤回的,因此,如果发盘人发盘内容有误或因其他原因想改变主意,可以用更迅速的通信方法,将发盘撤回或更改通知赶在受盘人收到该发盘之前或同时送达受盘人,则发盘即可撤回或修改。撤回或修改已经发出的发盘,就必须有准确的时间概念,如发盘是何时发出的、预计何时送达对方,然后考虑采取最快的通信方法是否可以撤回或修改发盘。《公约》折中英美法与大陆法,其中第十六条规定,在发盘已送达受盘人,即发盘已经生效,但受盘人尚未表示接受之前这一段时间内,只要发盘人及时将撤销通知送达受盘人,仍可将其发盘撤销。一旦受盘人发出接受通知,则发盘人无权撤销该发盘。

逾期接受也称"迟到的接受",是指接受通知到达发盘人的时间已超过发盘所规定的有效期,或发盘未规定有效期而超过合理时间才送达发盘人。《公约》及各国法律均认为逾期接受无效,只能视作一项新的发盘。但是下列两种情况下逾期接受仍具有效力:一是如果发盘人毫不迟延地用口头或书面方式通知受盘人,确认该项逾期接受有效,合同仍可于接受通知送达发盘人时订立;二是如果载有逾期接受的信件或其他书面文件表明,在传递正常的情况下,应是能够及时送达发盘人的,则此项逾期接受仍视为有效,除非发盘人毫不迟延地用口头或书面方式通知受盘人,认为发盘因逾期接受而失效。因此,一项逾期接受是否有效,关键在于发盘人的态度。

任何一项发盘,其效力均可在一定条件下终止。发盘效力终止一般有五个原因:①在发盘规定的有效期内未被接受,或虽未规定有效期,但在合理时间内未被接受,则发盘的效力即告终止。②发盘被发盘人依法撤销。③被受盘人拒绝或还盘之后,即拒绝或还盘通知送达发盘人时,发盘的效力即告终止。④发盘人发盘之后,发生了不可抗力事件,如所在国政府对发盘中的商品或所需外汇发布禁令等,在这种情况下,按出现不可抗力可免除责任的一般原则,发盘的效力即告终止。⑤发盘人或受盘人在发盘被接受前丧失行为能力(如患精神疾病等),则该发盘的效力也可终止。

三、买卖合同的订立

签订合同是指买卖双方经过磋商,达成协议后,将各自的权利和义务用书面形式加以明确的行为。在国际贸易中,国际货物买卖合同的当事人处于不同的国家,因此,国际货物买卖合同与国内货物买卖合同相比,具有四个不同的特点:①国际性。②合同的标的物是货物。③国际货物买卖合同的货物必须由一国境内运往他国境内。④国际货物买卖合同具有涉外因素,调整国际货物买卖合同的法律涉及不同国家的法律制度、适用的国际贸易公约或国际贸易惯例。

国际货物买卖合同必须符合有关法律规范,才能构成有效的合同,不具有法律效力的合同是不受法律保护的。但国际货物买卖合同的有效成立的条件,各国民法典、商法的规定不尽相同。综合来看,国际货物买卖合同有效成立的条件主要有五个方面。①合同双方当事人必须具有签订合同的行为能力。②合同当事人必须在自愿和真实的基础上达成一致协议。③合同必须有对价或约因。④合同的标的内容必须合法。⑤合同必须符合法律规定的形式。

在国际贸易中,买卖双方既可采用正式的合同(contract)、确认书(confirmation)、协议(agreement),也可采用备忘录(memorandum)等多种形式。

在我国进出口业务中,书面合同主要采用合同和确认书两种形式。从法律效力来看,这两种形式的书面合同没有区别,所不同的只是格式内容的繁简差异。合同或确认书通常一式两份,由双方合法代表分别签字后各执一份,作为合同订立的证据和履行合同的依据。

国际货物买卖合同的结构包括三个部分。①约首。约首是合同的开头部分,一般包括合同的名称、编号、买卖双方名称和地址、通信联系方式(如电报挂号、电子信箱地址)等内容。②基本条款。基本条款是合同的主体和核心,体现了双方当事人的权利和义务。③约尾。这是合同的结尾部分,一般包括订约日期、合同的份数、使用的文字及其效力、订约地点及生效时间和双方当事人签字等内容。也有的合同将订约时间和地点在约首部分列明。

四、出口合同的履行

(一)备货和报验

备货是指出口人根据合同规定的品质、规格、数量、包装等条件准备好货物,以便按质、按量、按时地完成交货义务。需要进行检验的出口商品,还应及时向出入境检验检疫机构报验。备货工作主要包括:筹备相应配套资金、组织货源、催交货物、核实货物等。核查货物应注意的问题有:货物的品质、货物的数量、货物的包装、备货时间、与货物有关的知识产权。

报验是针对不同商品的情况和出口合同的规定,对出口货物进行检验,也是备货工作的重要内容。

(二)落实信用证

在凭信用证支付的交易中,落实信用证是履行出口合同至关重要的环节,因为它直接关系到出口商能否安全、顺利地结汇。落实信用证通常包括催证、审证和改证三项内容。

1. 催证

催证是指卖方催促买方按照合同规定的开证时间及时开立信用证,并送达卖方,以便卖方按时将货物装运交付。进口方信用证最少应在货物装运期前15日(有时也规定30日)开到出口方手中。例如,用电传催证:Sale Contract No. WF99CS008 Goods are ready, please rush to open the relevant L/C.

2. 审证

审证是指卖方对国外买方通过开证银行开来的信用证内容进行全面审查,以确定是否接受或向买方提出需要其修改某些内容。审证时,要注意信用证与买卖合同的关系。审核信用证是银行与出口企业的共同责任,只是各有侧重。在实际业务中,银行重点审核开证行的政治背景、资信能力、付款责任、索汇路线和信用证的真伪等;出口企业则着重审查信用证的内容和买卖合同是否一致。

银行审证的依据是《跟单信用证统一惯例》。银行审核信用证的主要包括:①政治性、政策性审核;②资信情况审核;③信用证性质审核。

出口方审证的依据是出口合同。出口方审核信用证的主要包括:①信用证金额、币种、付款期限的审核;②有关货物条款的审核;③对信用证的装运期、有效期与到期地点的审核;④对开证申请人和受益人的审核;⑤对单据的审核;⑥对其他运输条款、保险、商检等条款的审核;⑦对特殊条款的审核。

3. 改证

在审核信用证中发现属于不符合我国对外贸易政策,影响合同履行和安全收汇等情况,银行必须要求国外客户修改信用证,并坚持在收到银行修改信用证通知书后才能装运。

改证的原则为:出口企业通过审证发现与合同不符而我方又不能接受的条款,应及时向开证申请人提出要求修改,并在收到改证通知确定无误后发货;对可改可不改的内容,则可酌情处理。

在办理改证过程中,凡信用证上需要多处进行修改,应做到一次提出,避免多次改证。对通知行转来的同一修改通知书,如需修改内容有两处以上,出口企业只能全部接受或全部拒绝。

(三)安排装运

各出口企业在备货的同时,还应及时做好租船订舱的工作,办理报关、投保等手续,以便顺利履行出口合同。

1. 办理装运并发出装船通知

以海运为例,在使用 CIF 与 CFR 术语成交的出口合同下,出口方须负责租船订舱。出口方委托办理海运出口托运的基本程序主要是:出口企业填写海运出口托运单;船公司或外轮代理公司签发装货单。主要包括:托运单、装货单、场站收据、大副收据。货物存放在港区指定仓库—办理提货、装船—签发大副收据(表明货已装妥的临时收据)—换取海运提单—签发清洁已装船提单。

2. 报关

出口报关是指出口人向海关如实申报出口,交验有关单据和证件,接受海关对货物的查验的过程。报关方式包括:口头申报、书面报关、电子数据交换。申报时间:出口货物应在装货 24 小时前申报。准备报关单证包括:基本单证、特殊单证、预备单证。出口方可以办理报关委托,填制出口报关单,向海关递交报关单。出口货物通关程序包括:①申报;②审核;③检验;④征税;⑤放行。出口货物报关时应提交的单据包括:出口货物许可证和其他批准文件(出口许可证商品时)、装货单或运单、发票、装箱单/重量单、减税或免税的证明文件、合同、产地证和其他有关单证(海关认为必要时)、商检证书(需要检验的商品)、出口收汇核销单等单据。

3. 投保

在 CIF 出口合同下,在配载就绪、确定船名后,出口商应于货物装运前,按照买卖合同和信用证的规定向保险公司办理投保手续,取得约定的保险单据。我国出口货物的投保,一般采取逐笔投保方式。投保时,出口方首先向保险公司索取空白投保单,按合同或信用证的要求,如实填写投保单。保险公司根据投保人的投保申请,考虑接受承保,签发保险单。

(四)制单结汇

货物装运后,出口企业即应按信用证要求,整理和缮制各种单据,在信用证规定的交单有效期和交单期内,填写出口结汇申请书,连同全套正本单据,递交银行办理议付结汇手续。

缮制正确的结汇单据是出口商在以信用证为支付方式的出口交易中安全、及时收取货款的前提保证。出口商凭借办理出口结汇的单据由谁制作可分为商业单据、官方单据、协作单据三种。

常用的出口单据包括：汇票（draft 或 bill of exchange）、商业发票（commercial invoice）、运输单据、保险单据、包装单据、产地证明书、普惠制产地证、检验证书、海关发票、其他单证等。

我国出口业务使用议付信用证比较多。对于议付信用证的出口结汇办法主要有三种：定期结汇、收妥结汇、买单结汇（又称出口押汇或议付）。出口商在规定的时间内向当地银行提交整套齐全的单据要求收取货款，同时应保留一套副本单据存档，以便当付款人或付款行提出异议时有据可查。

对结汇单据不符点的处理办法主要有以下三种。

1. 担保议付

担保议付又称表提，即在征得进口商同意的情况下，出口商向开证行出具担保书，要求议付行凭担保议付有不符点的单据，议付行在向开证行寄单时注明"凭保议付"字样。

2. 采用电提方式征求意见

由议付行先用电信方式向开证行列明不符点，待开证行确认接受后，再将单据寄去。

3. 改为跟证托收

当议付行不愿采用电提或表提的做法时，出口商只能采用托收方式，委托银行寄单收款。

此外，在单据经开证行审核被发现有不符点，并确属我方责任时，除需抓紧时间与进口人联系商榷处理办法外，还需做必要的准备，采取补救措施（如将货物转卖、运回国内等），以防造成更大的经济损失。

五、进口合同的履行

（一）开立信用证

及时开立信用证是买方的主要责任之一，因此，在进口合同签订后，进口企业一定要在合同规定的期限内及时向银行提交开证申请书及进口合同副本，要求银行对外开证。

(二)派船接货

在 FOB 合同下,进口方负责派船到指定港口接货。

(三)投保

FOB、FCA、CFR 和 CPT 条件下的进口合同由进口企业负责向保险公司办理货物的运输保险。进口货物运输保险一般有两种方式:预约保险和逐笔投保。

(四)审单付款

为保证对方提交的单据完全符合我方开立的信用证条款,并保证我方的权益,必须认真做好审单工作。审单是银行与企业的共同责任,外贸企业必须加强与银行的联系和配合。

(五)报关提货、验收和拨交

报关是指进口货物必须按海关规定的手续向海关办理申报验放的过程。

(六)索赔

在履约过程中,如果进口商的合法权益受到侵害,则应向有关责任人索赔。

第三节　贸易便利化与风险控制

一、贸易便利化

1.贸易便利化的界定及要求

(1)贸易便利化的界定

"贸易便利化"(Trade Facilitation)一词源于 20 世纪上半叶,之后在各种场合频繁出现,但关于贸易便利化的定义,迄今国际上尚无统一的界定。

世界贸易组织(WTO)和联合国贸易与发展会议(UNCTAD)认为,贸易便利化是对国际贸易程序的简化和协调,即国际贸易程序和文件的系统化与合理化,也就是在收集、提供、交流和处理国际贸易货物流动所需数据的过程中涉及的活动、做法和手续的系统化与合理化。

世界经合组织(OECD)认为贸易便利化概念涵盖国际贸易全过程所有可以使贸易流动更加便利和流畅的措施。

联合国欧洲经济委员会(UNECE)是贸易便利化标准的最初制定者,它认为在实际工作中贸易便利化的工作重点是创造效率,降低整个国际贸易交易过程的成本。

由以上各国际组织对贸易便利化的理解和解释不难看出纵然其对贸易便利化的具体表述不尽相同,但对贸易便利化所追求的核心内容却是一致的,即简化和协调贸易程序,加速要素跨境流通。

(2)贸易便利化的要求

从各国实施贸易便利化的具体情况来看,可将贸易便利化的要求归结为以下几个方面:

1)贸易法规的协调及通关程序的简化

各国或地区的政府及相关组织在对外贸易管理中要发布实施一系列法律法规。在国际贸易往来中,客观上要求贸易商在进行贸易活动之前知悉交易方所在国家和地区的法律法规及各项规章制度。因此,贸易法规的公布、实施和协调是贸易便利化的重要组成部分。贸易便利化所要解决的问题就是简化甚至消除各种烦琐、重复、不必要的贸易流程和审批手续,从而降低贸易企业的交易成本,加速货物跨境流动,提高贸易效率,促进世界经济发展。

2)完善的基础设施与标准化

标准化和一体化是贸易便利化的理想标准,国际贸易涉及的国家和地区众多,其经济发展水平参差不齐,交通设施、行政管理等软硬件水平差距很大,按照国际标准建设现代海关基础设施,海关陆续开展其他工作的前提和保障,是能否有效促进贸易便利的先决条件。在通关过程中,要实现贸易便利的理想效果,必须制订国际统一的标准,力求在硬件和软件方面达到标准化和一体化,才能达到国际贸易的最大便利化。

3)差别化对待和技术援助

由于世界经济发展不平衡,发达国家和发展中国家及最不发达国家之间在各方面都存在很大的差距。同发达国家相比,短期内,发展中国家几乎没有能力按照发达国家的意愿和标准来实施本国的贸易便利化,因此应循序渐进地推进贸易便利化,不能盲目地要求完全的标准化和一体化,在贸易便利化的国际谈判中,发展水平不同的国家应该有区别地承担不同的义务,即差别对待,并且发达国家和国际组织有义务对发展中国家提供技术援助。

2.全球贸易便利化的发展趋势

（1）信息化促使贸易流程安全高效

贸易便利化的进程与实施效果同海关的信息化水平密切相关。虽然各国为降低贸易成本,加速货物流通不断进行贸易便利化改革,但贸易保护主义的思潮仍然盛行,特别是"9·11"事件之后,贸易的安全性被欧美发达国家放在贸易的首位,因此不断提高外来商品的检验标准以确保贸易安全。据统计,2009年以来,发达国家使用技术性贸易措施的数量明显增加。实际上,贸易安全与贸易便利二者之间并不矛盾,贸易安全也是贸易便利化所追求的目标之一。

信息化的建设和有效运用恰能平衡贸易过程中的效率与安全问题,一方面,电子通关的实现可进一步简化单证,通关各部门统一标准,加快商品流通,帮助企业更方便地融入国际贸易体系,既降低贸易商的贸易成本,又降低海关部门的监管成本;另一方面,电子信息技术的开发运用能够降低人为、非人为失误,同时使得走私、腐败和其他犯罪活动更容易被发现,通过建立贸易各部门网络集成和无缝网络系统,对进出口货物进行全程监控,有针对性地实施重点抽检,增强海关行政的安全性,使国际贸易向更简便、安全和高效的方向前进。

（2）合作平台多样化

当前,贸易便利化在各个国家的进展程度不一,发展不均衡。围绕贸易安全与便利的问题,国际社会存在多种不同的声音,发达国家、发展中国家以及最不发达国家的立场观点各不相同,要最终实现全球贸易便利化的理想状态需要从双边合作逐渐向区域合作递进。众所周知,在地理位置接近,发展水平相当的国家之间更容易就某一事项达成合作,这也是众多区域经济组织纷纷涌现的原因。具体到贸易便利化领域的合作也不例外。在世界贸易组织贸易便利化谈判的推动下,贸易便利化谈判议题正从全球性向区域性组织、双边贸易协定渗透,形成"全球—区域—双边"的由大到小的发展趋势。截至2010年上半年,世界贸易组织记录在册的双边货物自由贸易协议已达140多个。鉴于WTO刚刚结束的巴厘岛第九次部长级会议达成的包括贸易便利化在内的"一揽子协定"的问世,贸易便利化在已有格局不断成熟深化之后,最终朝着全球贸易便利化的大方向迈进,即实现"全球—区域—双边—全球"的环形发展趋势。

（3）贸易规则趋于柔性

由于在贸易便利化进程中不同的参与主体对国际贸易的利益、主张存在差异,在现有的贸易便利化规则中,除了一些基本的国际条约,如修订后的《京都公约》外,大多数规则都是以"建议""参考""计划""指南"等命名的。这些规则对各成员方是没有强制约束力的,而由各成员自主选择适用。鉴于当前各国发展水平参差不齐,在实行贸易便利化的能力上更是相去甚远,在这种情况下,贸易规则趋于柔性化的价值在于可使参与方"进退自如",给各成员方一个缓冲的时机。但是部分贸易便利化规则的影响力也是不容忽视的。例如,世界海关组织制定的《贸易安全与便利标准框架》就发挥着广泛的影响力,当然,贸易规则不会一直处于"软法化",随着各国经济的不断发展和国力的增强,具备了与全面实施贸易便利化相匹配的能力,国际组织的贸易法规会在柔性的基础上赋予一定的约束力,最终实现贸易规则的统一性和强制性。可见,贸易规则的柔性化是国际规则硬法化的有效途径之一。

(4)关注内容日趋精细

全球贸易便利化的另一个发展趋势是其所涉及的内容日趋专业化,现在不仅仅是WTO在积极地引导,越来越多的专业性国际组织也相继关注甚至加入了贸易便利化议题的谈判和讨论,如世界银行、经济合作组织、联合国贸发会议、国际海运组织、国际商会、国际民航组织、国际航空运输协会、万国邮政组织等与贸易便利化改革利益密切相关的组织和部门。贸易便利化所涉及的规则、程序、制度等在各大专业国际组织的参与下日渐从"综合性"向"专业性"发展,它们从自身的角度关注着贸易便利化的相应领域,如国际海运组织关注与海运、集装箱等有关的海运供应链的安全问题;万国邮政联盟则更加注重快件的通关;国际民航组织与WTO更关注航空运输与旅客通关的便利;等等。这使得贸易便利化讨论的内容逐渐深入各个具体的领域,在这些专业性组织的共同参与下,促进了贸易便利化在所涉及的各个领域不断发展和完善,呈现出关注内容具体化、专业化的趋势。

二、实施贸易便利化的理论基础

(一)贸易便利化与贸易自由化的区别

首先,实施贸易便利化的动因在于伴随着贸易自由化的不断深入,传统的关税非关税壁垒已不再是阻碍国际贸易的主要因素,由于通关效率低下造成的贸易成本激增成为新的隐形壁垒,故而要求贸易便利化的实施;而实施贸易自由化则是因为经济全球化发展,国际分工和生产规模日益扩大,各国为实现各自的政治、经济利益不断加强国与国之间的贸易往来,推进贸易自由化。

其次,贸易便利化关注的重点是简化货物通关的手续以达到降低贸易成本、缩短交易时间、增加贸易利润的目的;而贸易自由化的实现则是通过贸易谈判,降低关税、非关税壁垒的限制,消除歧视性待遇,创造公平的国际贸易环境。可以说,贸易自由化几乎涉及国际贸易的各个领域,其范围远远超过贸易便利化所涉及的范畴。

(二)贸易便利化与贸易自由化的联系

APEC曾指出,由于贸易自由化和便利化,在实现自由贸易目标上不应将二者区别开来,而是一个统一的、密不可分的整体。

首先,贸易便利化依托贸易自由化而存在,贸易自由化为贸易便利化的施行提供了事实依据和理论基础。在关税壁垒、市场准入等问题没有得到基本解决的情况下,就不可能存在讨论和实施贸易便利化的空间。

其次,两者的最终目标是一致的,即在全球范围内实现资源的最佳配置以及货物和服务的自由流动,从实质来说,贸易便利化也是贸易自由化。贸易自由化和便利化之间并不存在严格的界限,在促进国际贸易发展进程中,贸易自由化是目标,贸易便利化是手段,二者相互影响、相互促进,紧密相连。

贸易便利化属于国际贸易领域的一个新议题,目前国际和国内几乎没有专门针对贸易便利化的成熟理论。通过上文对贸易便利化与贸易自由化的关系可知,贸易便利化在本质上属于自由贸易阵营。因此,经典的关于自由贸易的理论成果也可以用来解释贸易便利化的意义。在此,笔者选取交易成本理论和区域经济一体化的理论中的关税同盟理论作为研究贸易便利化问题的理论基础并做简要分析。

1.交易成本理论

最早提出"交易成本"这一理论思想的是英国经济学家罗纳德·哈里·科斯(R. H. Cose),该理论采用比较分析方法研究经济制度,后来经过拓展成了经济学中普遍采用的理论。交易成本理论的根本论点在于对企业的本质加以解释,由于经济体系中企业的专业分工与市场价格机能之间的运作产生了专业分工的现象,但使用市场的价格机能的成本相对偏高进而形成企业机制,它是人类追求经济效率所形成的组织体。

科斯认为,交易成本是获得准确市场信息所需要的费用,以及谈判和经常性契约的费用。也就是说,交易成本由信息搜寻成本、谈判成本、缔约成本、监督成本以及可能的违约成本所构成。具体来说,所谓的信息搜寻成本是指搜集商品信息与交易对象的成本;谈判成本是指交易双方针对契约、价格、品质进行讨价还价的成本;缔约成本则是谈判之后进行相关决策及签订契约所需支付的内部成本;监督成本是在缔结约定之后监督交易双方是否依照契约内容进行交易而产生的成本;违约成本则是指交易方处理可能发生违约情况需要支付的成本。由于人性因素和交易环境因素的影响产生市场失灵现象,进而造成交易困难,导致交易成本发生。威廉姆斯将造成交易成本发生的原因归结为以下六个方面。

(1)有限理性

有限理性是指交易参与人因为身心、智能、情绪等因素限制,在追求效益最大化时产生的限制约束。

(2)投机主义

投机主义是指交易的各方,为寻求自我利益而采取欺诈手段,同时增加彼此的不信任与怀疑,因而导致交易过程监督成本的增加而降低经济效率。

(3)不确定性与复杂性

由于环境中充满不可预期性和各种变化,使交易双方均将未来的不确定性和复杂性纳入契约中,增加订立契约时的议价成本,使交易难度上升。

(4)少数交易

某些交易过程因信息和资源无法有效流通,使得交易对象减少或被少数人控制,造成市场运作失灵。

(5)信息不对称

因为环境的不确定性和自利行为产生的机会主义,交易双方掌握信息的程度不同,使得市场的先占者拥有较多的有利信息而获益,并形成少数交易。

(6)气氛

气氛是指交易双方互不信任,且处于对立立场,无法营造一种和谐的交易关系,将使得交易过程过于注重形式,徒增不必要的交易成本。

将以上对交易成本的研究用来分析国际贸易中的交易成本不难发现为何现有的通关管理增加了贸易商的成本,笔者以上提到的产生交易成本的六个方面在海关监管中均有不同程度的体现,如烦琐的通关手续、不确定的政策环境、互不信任的政企关系、重形式不重内容等。通关实施贸易便利化,完善基础设施,及时公布最新的政策法规,加强政企的信任合作,公平公开的贸易环境都能大幅缩减不必要的交易成本,提高通关效率。

2.关税同盟理论

关税同盟理论由美国经济学家维纳(J. Viner)提出,是指两个或两个以上的国家或地区缔结协定,在成员国内部建立统一的关境,在统一关境内成员国之间互相减让或取消关税,对从关境以外的国家或地区的商品进口则实行统一的关税税率和外贸政策。该理论认为,多个国家或地区建立关税同盟后,会产生静态和动态的经济效应。所谓静态效应,是指假定经济总量、技术水平不变的情况下,经济一体化对集团内部国家的影响,包括贸易创造效应和贸易转移效应;动态效应是指经济一体化对成员国贸易及经济增长的间接推动作用。

(1)贸易创造效应

贸易创造是指关税同盟建立后,某成员国的部分国内产品被来自同盟中另一成员国的价格较低的进口产品所替代,如图 3-2 所示。

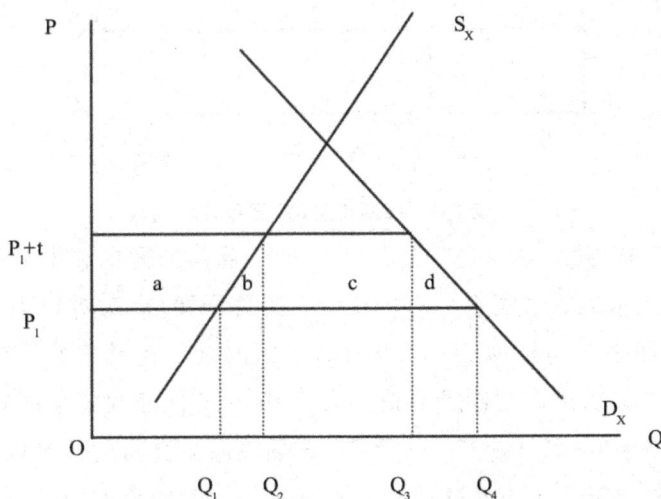

图 3-2　关税同盟的"贸易创造效应"

图 3-2 中,Dx 和 Sx 分别为 X 国对 G 商品的需求和供给曲线。假设 X 国是

贸易小国,无法对世界市场价格产生影响。X 国在加入关税同盟之前,对 Y 国的进口商品 G 征收 t 关税,即 Y 国 G 商品在 X 国市场的价格为 P_1+t,此时 X 国对 G 商品的供需差额 Q_2Q_3 即为 X 国需从 Y 国进口的数量。X 国与 Y 国建立关税同盟以后,关税 t 取消,G 商品价格降为 P_1,此时 X 国需从 Y 国进口 G 商品的数量增加。加入关税同盟后,$(a+b+c+d)$ 所代表的区域面积为 X 国消费者剩余的增加量,a 代表 X 国生产者剩余的减少量,c 代表政府关税收入的减少量,X 国总体社会福利增加了 $(b+d)$,其中"贸易创造"的生产效应为 b,消费效应为 d。

(2)贸易转移效应

贸易转移效应是指在关税同盟创建以后,某一成员国的进口从一个非关税同盟国的低成本国家被另一高成本同盟国所替代,如图 3-3 所示。

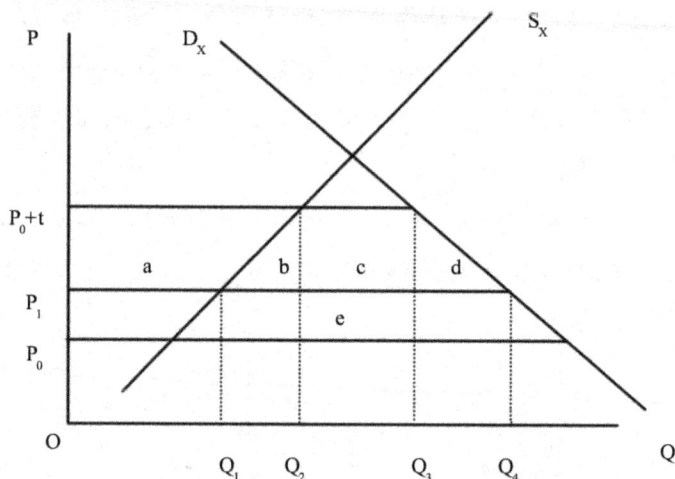

图 3-3　关税同盟的"贸易转移效应"

图 3-3 中,假设 D_X 和 S_X 分别为 X 国 G 商品的需求和供给曲线,Z 国是生产 G 商品成本最低的国家。X 国在加入关税同盟前,对进口商品 G 征收 t 关税,G 商品的进口价格为 P_0+t,此时 X 国国内对 G 商品的供需差额 Q_2Q_3 即为 X 国需要向 Z 国进口的商品数量。当 X 国与 Y 国建立关税同盟以后,Y 国 G 商品的价格为 P_1,因 $P_1<P_0+t$,所以,X 国改向关税同盟国 Y 国进口,Q_1Q_4 即为增加的进口额。加入关税同盟后,$(a+b+c+d)$ 所代表的区域面积为 X 国消费者剩余的增加量,a 代表 X 国生产者剩余的减少量,$(c+e)$ 代表政府税收的减少量,$(b+d-e)$ 代表 X 国总体社会福利增加量。如果 $b+d>e$,则 X 国的社会

福利增加,反之福利减少。从图中可以看出,国内的商品供给与需求曲线越平缓,即在一定范围内弹性越大,并且 P_1 越靠近 P_0,那么 b 和 d 的面积就相应越大,e 的面积就越小。对于参加关税同盟的国家来说,获得净福利增加的机会就越大。

交易成本理论和关税同盟理论为贸易便利化做了基础理论上的铺垫。但现实情况却往往是一些国家言论上积极拥护贸易自由化和贸易便利化,行动上却实行名目繁多的贸易保护政策。从国际贸易开展至今,贸易自由和贸易保护是国际贸易问题的两个截然相反的方向。纵然贸易便利的好处人尽皆知,但在实际操作中却没有想象得那么简单,推进全球贸易便利化仍需各方付出坚持不懈的努力。

三、对贸易便利化的综合分析

(一)对贸易便利化的经济分析

1. 对贸易便利化的收益分析

贸易便利化的目标是提高国际贸易效率,创造良好的国际贸易环境。贸易便利化对世界经济的促进作用是不言而喻的,贸易便利化的顺利实施将使多方同时获益。笔者现分别从政府、企业、消费者的角度对中国实施贸易便利化的收益进行分析。

(1)贸易便利化给政府带来的收益

贸易便利化的实施有助于提高海关部门整体监管效率。通过简化不必要的通关程序,取消单证的重复提交,实施稳定的可预测的政策环境,使政府的各项措施不再只是一纸空文,真正可以落到实处。贸易便利化的施行能够有效控制走私和腐败案件的发生频率,刺激贸易额的增长,增加政府的税收收入。

对发达国家来说,发展中国家廉价的劳动力和巨大的市场潜力具有很大吸引力,然而复杂的海关程序、政策法规透明度不高以及腐败等问题引发的交易成本过高往往是导致国外直接投资减少的重要因素。贸易便利化实施之后,海关程序进一步简化,交易成本进一步降低,加之国内其他良好的投资环境,国外直接投资的数量和质量都不断增加,这对于东道国的经济增长、就业情况以及学习外国的技术经验都有积极的促进作用,是一种双赢局面。

（2）贸易便利化给贸易企业带来的收益

广大的贸易企业无疑是贸易便利化最大的受益者。实施贸易便利化有利于降低贸易商的交易成本，增加贸易利润。OECD曾指出，目前全球商品进出口过程中因通关效率低下而造成企业交易成本的增加，有时甚至超过所负担的关税和其他费用总和。对于中小企业来说更是雪上加霜，通关成本有时甚至超过贸易额的30%，贸易便利化将使广大中小企业直接受益。还有研究显示，贸易便利化协定会使发达国家从事国际贸易的成本减少10%，而发展中国家整体的贸易效率将提高14%或15%。

另外，相对大型跨国公司而言，中小贸易企业在技术上和生产成本上都不占优势，当一些对于交货时间要求严格的贸易机会出现时，很多中小企业因无法确保海关通关进度而不得不考虑放弃一些大好的商机。贸易的非效率所导致的生产成本的增加，使原本处于竞争劣势的中小企业的处境更加艰难，贸易便利化的实施可以为这些中小贸易企业提供更加公平透明的交易平台，使之更容易融入更广阔的国际市场，结合自身能力的不断加强提升，在国际市场获得更多的贸易机会，增强国际竞争力，逐步做大做强。

（3）贸易便利化给消费者带来的收益

通关效率低下使得进出口商品成本上升，尤其当销售紧俏的商品滞留在港口，市场供给不足，商品价格猛涨时，消费者是商品成本的最终承担者，成本的增加必然使消费者对所购买商品支付高价，在商品性能保持不变的情况下，消费者的满足感缺失，效用降低，福利水平下降。贸易便利化的实施能够立竿见影地减少交易成本，随着商品价格下降，进口国消费者可以以更低的价格买到心仪的商品，整个社会的福利水平得到提高。

另外，2013年世界贸易组织（WTO）第九届部长级会议经过极其艰难的谈判，在印度尼西亚巴厘岛达成了"巴厘一揽子协定"（即多哈回合"早期收获"协议，包括贸易便利化、部分农业议题和发展三个部分）。该协定预计将给全球每年增加1万亿美元的贸易收益。按照该协定，WTO将成立筹备委员会，确保贸易便利化条款最迟在2015年7月31日正式实施，预计因贸易便利化全球可创2100万个就业岗位，这对促进全球就业无疑是个好消息。

2. 对贸易便利化的成本分析

毫无疑问，贸易便利化是一件"公共产品"，这就决定了一国政府部门是贸易便利化改革的唯一承担者,虽然贸易便利化的实施能够给各方带来收益,但其前期投入也是巨大的,需要人力、物力、财力的多方支持,这对大多数发展中国家而言无疑是一场攻坚战。笔者现从以下几个方面对中国实施贸易便利化的成本进行分析。

(1)基础设施建设与人才培养成本

贸易便利化的顺利实施离不开基础设施的建设和完善,在口岸环境、交通运输、电子设备、网络信息、检验设施的配套使用等方面都需要更新换代或重新建立,这些都需要投入大量资金。在海关管理经验方面,需要不断学习借鉴国外的成功经验,在硬件提供稳定操作环境的基础上运用现代海关管理手段,加速货物通关流转。贸易便利化的改革成本还包括海关人才队伍的建设成本,随着先进设施、技术和管理经验的引进,海关部门将面临通关制度、贸易政策、监管系统的全方位调整,这些现代化硬件、软件及管理理念的施行都需要专业的技术、管理人才来支持,因此,海关部门通过招聘高精尖的专业人才以及加强海关内部人员的培训来提高整个海关队伍的素质是推进贸易便利化进程不可避免的成本支出。与此同时,还必须认识到当现有的海关部门不能满足贸易便利化改革的要求,需要更具效率的新举措来替代它们时,一部分工作人员则因无法适应工作内容的转变而失业。

(2)解决争端和参与国际论坛成本

实施贸易便利化还面临争端解决的成本。一方面,由于目前大多数标准都是由发达国家主导制定的,发展中国家要达到这些标准所付出的成本和代价是不容小觑的。另一方面,即便几个成员国和地区在贸易便利化的某个领域达成协定,但仍存在“富国与穷国”之间利益不均衡的矛盾,“穷国”因目前的执行能力有限,易遭到“富国”的诉讼而面临争端解决方面的成本。

除了应对争端解决的成本,对于许多发展中国家来说,参加各种涉及国际贸易便利化的论坛及谈判会议的成本也很高。许多国家的代表团很小,有的甚至没有代表团,需要国家主管部门和执行机构的大力支持。有效参与国际论坛的成本还高于维持小型代表团的成本或派少数官员参加各种国际会议的成本。这里的有效参与是指要求各国有足够的能力按国际标准运作并从国家利益、政策和政府的角度评估其意义。相关的国际组织——世界贸易组织(WTO)、世界海关组织(WCO)、联合国贸易和发展会议(UNCTAD)、联合国(UN)、世界银行(WB)和区域发展银行虽然可以发挥主导性的作用来确保信息流在发展中国家畅通无阻,但最关键的还是发展中国家自主构建自我评估能力。

(3)可能的关税损失和贸易逆差成本

在国际贸易过程中,随着贸易便利不断深入,会在一定程度上降低关税非关税壁垒,贸易障碍逐步减少,与之前相比,这将直接或间接地减少一国在关税和其他非关税方面的收入,而关税收入又在很多发展中国家的财政收入中占有非常重要的地位。OECD 和世界银行曾调查表明关税在一些发展中国家的财政收入中占有重大比例,有的甚至超过政府财政收入的 1/3。就我国而言,海关税收收入在财政收入中所占的比重也在 1/6 以上。这就是很多发展中国家在多哈回合贸易便利化谈判中持谨慎态度的重要原因之一。

虽然贸易便利化给贸易参与商带来的好处显而易见,能够促使进出口贸易的增加,但是对于一国政府来说,往往在国际贸易中为了寻求贸易顺差,出台各种措施来限制进口,更有甚者为阻止外国货物向本国出口而专门设置的。实施贸易便利化后,因海关制度改革而带来进口的增加量可能会在一定时期内大于出口的增加量,导致一定的贸易逆差。就我国而言,为了维护中国在国际社会负责任的大国形象,我们必须履行之前的一些贸易承诺,这都会导致净进口的增加,产生贸易逆差,因此,"逆差成本"也是我国在实施贸易便利化过程中必须付出的代价。

(二)对中国实施贸易便利化的实证分析

1.贸易便利化水平评估体系简介

贸易便利化水平的评估对于企业、政府和研究人员都具有重要意义。由于贸易便利化狭义和广义的定义之间跨度很大,评估各国贸易便利化水平的工作显得尤为困难。世界银行研究人员 Wilson 等曾在这方面做过一系列研究,利用《全球竞争力报告》《世界竞争力年鉴》《世界治理指数》提供的数据设计了贸易便利化指数,具体由口岸效率指数、海关环境指数、制度环境指数和电子商务指数四个分项指数构成;APEC 则指出贸易便利化水平评估应该包含海关指数、标准化及采用国际标准指数、商业流动性指数、电子商务指数、港口基础设施指数。相对于 Wilson 设计的贸易便利化指数,APEC 提出的便利化指数内容更加丰富,但并未将其指数构想变为现实,在具体量化方面仍然沿用了 Wilson 的指数构建方法。还有一些学者将考察各国贸易便利化发展水平工作的重点放在货物过境的时间和成本上,再者,由于 Wilson 在评估各国贸易便利化水平中使用的都是感知数据,一些学者因其不够客观而在研究中使用"进出口程序所需时间""平均工资成本"等"硬性数据",但硬性数据又存在数据结构不完整、对于商业环境等主观认识问题采用客观数据表述不恰当的问题,理论上并不存在完美的贸易便利化发展水平的评估方法,鉴于 Wilson 体系应用最为广泛和成熟,本文亦采取该评估方法来衡量各国的贸易便利化水平。

2. Wilson 贸易便利化测评体系的构建

(1)Wilson 测评体系指标选取

1)口岸效率指数(Port Effciency,PE)

该指数用来量化一国海港、空港的基础设施建设的质量及其工作效率。取值 1~7,1 代表所有国家中评价最低的国家,7 代表所有国家中评价最高的国家。该指数包括港口设施质量和空运设施质量两个二级指标。根据《全球竞争力报告 2012－2013》数据显示:在港口设施质量的国际比较中评价最高的是新加坡和荷兰,均为 6.80,评价最低的仅为 1.50,中国为 4.40,居中等水平;在空运设施质量指标的国际比较中评价最高的是新加坡,为 6.80,评价最低的为 2.20,中国为 4.50。

2)海关环境指数(Customs Environment,CE)

该指数主要用来度量由于海关程序产生的直接交易成本以及海关管理及出入境管理的透明度。取值 1~7,1 代表所有国家中评价最低的国家,7 代表所有国家中评价最高的国家。该指数包括贸易壁垒的盛行程度和海关程序的效率水平两个二级指标。根据《全球竞争力报告 2012－2013》数据显示:在贸易壁垒盛行程度的国际比较中,评价最高的是新西兰,为 6.30,最低的是阿根廷,为 2.20,中国为 4.20。在海关程序的效率水平的国际比较中,评价最高的是新加坡,为 6.20,评价最低的为 2.10,中国为 4.20。

3)规制环境指数(Regulatory Environment,RE)

规制环境指数用来考察一国管理、监控贸易有关的法规及其执行情况,如政策法规的严格程度、稳定性与透明度等。取值 1~7,1 代表所有国家中评价最低的国家,7 代表所有国家中评价最高的国家。该指数包括不合法收入和政策透明度指数两个二级指标。根据《全球竞争力报告 2012－2013》数据显示:在不合法收入的国际比较中,评价最高的是新西兰,为 6.70,评价最低的是孟加拉国,为 2.20,中国为 4.00。在政府政策的透明度指数的国际比较中,评价最高的是新加坡,为 6.20,评价最低的为 2.60,中国为 4.50。

4)电子商务环境指数(Service Infrastructure for E—business,SI)

电子商务环境指数是用来考察和度量一国是否具备从事电子商务必备的基础设施,以及使用网络信息提高绩效和改变行为以增强经济活力的程度。主要包括个两个二级指标:电子基础设施指数和企业使用互联网广泛程度指数,其中电子基础设施取值0~2,0代表所有国家中评价最低的国家,2代表所有国家中评价最高的国家,企业使用互联网指标取值1~7,1代表所有国家中评价最低的国家,7代表所有国家中评价最高的国家。根据《全球竞争力报告2012—2013》数据显示:电子基础设施指数国际比较中评价最高的是阿根廷,为2.00,最低的为0,中国取值1.5。企业使用互联网的广泛程度指数的国际比较中评价最高的是瑞典,为6.50,评价最低的为2.90,中国为5.30。

(2)相关数据的处理

在用感知数据进行贸易便利化指数设计时,在数据处理方面,由于数据取值方法和取值区间不完全相同,有的取值0~2,有的取值1~7,必须采用数学方法进行数据调整,经过统一的标准处理后再综合各国在各指标上的取值对一国贸易便利化的综合指标进行评估和比较,最终得出一个综合的贸易便利化指数,即TFI(Trade Facilitation Indicator)。我们采用公式 $II_i = I_i / Imax (0 < II_i \leqslant 1)$ 对影响贸易便利化的各指标体系中的二级指标进行处理,其中,参数 II_i 表示对目标地区 i 处理后得到的新参数,参数 I_i 表示目标地区 i 处理之前的实际得分,Imax 是处理前所测算地区中表现最佳即分值最高的原始数据值,然后再利用简单算术平均法对各分项指标进行复合,从而得到贸易便利化的四个分项数据 PE、CE、RE 和 SI 的数值。例如,PE 指数=("港口基础设施指数"+"航空运输基础设施指数")/2。最后求出各国分项数据的算术平均值,即一国综合贸易便利化指数 TFI 值。复合后的指数的取值范围均在0~1,遵循了数据的科学性和可比性原则。

我们可以从处理后的数据中得出信息,把一个样本国家的某一指标数据同该组数据中的最优数据进行比较,可以看出该国在这一指标上与评价最高的指数水平之间的差距,同最低指标数据进行比较,则可以看出该国在此项指标上取得的进展。纵向比较,一国通过比较本国在各个分项指标上的数值差异可以找出自身的优劣势所在,强化优势,弥补不足,以便在今后的贸易便利化改革中取长补短,进而在推进本国整体贸易便利化改革的政策导向上有所侧重,使改革更具有针对性,效果更明显。

第四章

数字贸易的多边合作

第一节　WTO 框架下的数据流动规则

一、数字化内容产品面临的 WTO 规制困境

数字化内容产品既可能涉及货物贸易，也可能涉及服务贸易。

根据关税及贸易总协定（GATT），文化产品可能是有形的，如电影胶片、CD、DVD、录像和录音磁带以及图书等。同时，在服务贸易总协定（GATS）之下，文化产品一般划在下列诸项通信服务中：电影和录像带制作以及销售服务、电影放映服务、广播和电视服务、广播和电视传送服务、录音机其他服务。美国认为，GATS 之下对音像服务的传统分类已经无法反映音像部门当前的现实和技术，例如，电影和音乐的内容直接通过网络和电缆提供给消费者。

另外，音像服务还与其他服务领域重合，如娱乐、文化和体育服务。在某些情况下，很难区分通信服务和音像服务。WTO 秘书处指出，作为一般的实际规则，已经将承揽制作节目内容的服务划入音像服务，而将那些单纯进行信息传送的服务划入通信服务；但美国并不同意此观点。还有一种观点认为，GATS 仅仅覆盖节目内容的"制作或录制"（如录音）或对节目内容的"传输"（如广播和电视播送服务），并不涉及节目内容本身。通信服务和视听服务这两个部门相互贯通，通信服务的定义及其与视听服务的区分需要重新考虑。

通过广播、卫星或互联网传输的文化产品兼有货物和服务的成分，将这些数字化内容产品划分为货物还是服务的问题在 WTO 尚未解决。欧盟认为，电

子传输由属于CATS范围的服务提供构成,其倾向于将以电子化传输的音乐、电影和类似产品归于欧盟实行的从CATS中排除的视听服务部门,而不受GATT的制约。而美国主张,由于GATT提供的WTO规则具有更广泛的影响,数字化内容产品适用CATT比适用CATS更有利,能为电子商务带来更自由宽松的局面。

WTO成员方未能就数字化内容产品的归类达成一致,这是因为GATT和GATS给予文化产品的待遇完全不同。出口货物中体现的服务,如在一个有形载体中或通过一个有形载体(如电脑软盘)提供的服务为跨境提供货物,应对与服务连带的跨境货物征收关税,应遵守GATT规则。但在对数字化内容产品是货物还是服务的问题达成一致之前,WTO成员方已经就不对电子传输(包括文化产品的电子传输)征收关税达成了一项非正式协议。但这个协议是暂时的,没有法律约束力。由于该协议的效力有限,而且如果一个成员方没有做出国民待遇的承诺,那么它就可以征收歧视性的内部税,因此,不征收关税的承诺不能排除具有同样效果的歧视性措施。

根本问题在于,在WTO规则中,数字化内容产品被划归为货物还是服务会受到迥异的待遇。如果是货物,就受到GATT严格规则的规制,对于文化产品而言,唯一特殊的待遇存在于关于放映配额的Ⅵ条款中。如果允许成员方在文化政策实施中采取某些种类的补贴,CATT为此提供了更多空间。如果将文化产品归于服务,GATS施加了较少的一般性义务规定,也提供了较少的一般性免责途径。成员方可以不在CATS下对数字化内容产品做出国民待遇或市场准入承诺,但在给予补贴方面会比在CATT下受到更多限制,在放映配额方面也没有豁免的便利。现有的GATS框架限制了文化产品特别是视听产品实现贸易自由化的程度。

二、文化多样性保护作为视听服务贸易自由化例外的理由

一些个人、非政府间组织和国家明确表示,他们对日益扩大的文化趋同感到忧虑。他们认为,某些交易的货物和服务具有经济价值的同时,也具有审美、精神、历史、象征意义和本源性等文化价值,为了保存和推广当地的文化,或为了保护本国的生产者,成员方可以对这些货物和服务的进口采取贸易限制或歧视性措施。因为某一种产品的文化价值不仅可以体现在产品的性质上或由谁

生产,还可以体现在产品如何被生产或被消费,以及产品对本地特征产生影响的方式。

奥地利、秘鲁、罗马尼亚、加拿大、巴西等国和北欧国家在乌拉圭回合谈判中建议,为了保护国家或文化的特征和价值,应当在 GATS 下规定一项一般性的例外。埃及和印度也赞成在服务贸易中为文化设立一个一般性的例外。

欧盟和其他几个国家认为,鉴于其性质和文化内容,只有视听服务需要豁免或特殊待遇,巴西、埃及和芬兰同意在对待视听服务部门上应当具有灵活性。

加拿大和法国等主张"文化例外",强调文化多样性的保护,认为在文化领域不能使用 WTO 贸易自由原则,主张保护本国文化不受别国文化的冲击;而美国凭借其文化产品和服务的优势地位,认为文化产业在经济领域不具有特殊地位,文化产品与其他工业制品没有区别,文化不需要特殊规划和保护,政府应为企业和个人的文化产业经营与创造提供一个公平合理、充分竞争的舞台。

与其他许多谈判项目一样,视听服务的问题主要取决于美国与欧盟能否达成一致,美国拒绝承认视听服务有特殊的文化性质,而在各成员国的文化部的极力鼓动下,欧盟的回应是不对视听服务做出承诺。有些成员国以文化目标为理由,将视听服务排除在最惠国待遇之外,只有很少成员国在减让表中承诺在视听领域提供国民待遇或市场准入。

在 2005 年 12 月于中国香港举行的部长级会议第六次会议中,视听服务的文化性质问题仍然极具争议。澳大利亚、巴西和瑞士等国在其正式函件中以文化因素为由要求给予视听服务特殊待遇,但美国和日本则表示希望在此领域贯彻和加强 GATS 的规制。

近年来的双边谈判和自由贸易协定显示,文化产品仍然是一个亟须解决的问题。韩国长期实行电影放映配额,这在其与美国的自由贸易协定谈判中,一直是一个胶着的难点。在 2005 年 1 月 1 日生效的澳大利亚和美国的自由贸易协定中,澳大利亚保留了在电视节目中设定一定水平的本地内容最低配额的权利,配额水平与协议签订时的水平相当。于 2004 年 1 月 1 日生效的智利和美国的自由贸易协定明确规定,作为一般性要求,智利国家电视委员会规定,在开放的电视频道所广播的节目中,可包含上限为 40% 的智利制作的节目。

在 GATS 之下,文化产品可以有与其他服务不同的待遇,但不是作为例外,而是作为可以实现服务贸易自由化的可能的事例。不是允许最惠国待遇的豁免和允许成员方就其服务减让表的内容进行谈判,而是国民待遇、最惠国待遇和市场准入可以适用得更宽一些,条件是给予文化产品的歧视性补贴一个适当范围的例外。

三、《保护和促进文化表现形式多样性公约》对数字化内容产品贸易的影响

联合国教育、科学及文化组织(UNESCO)于 2005 年通过了《保护和促进文化表现形式多样性公约》(以下简称《公约》),对于也是 UNESCO 成员的 WTO 成员方,《公约》对其 WTO 谈判立场及解决与文化有关的贸易争端有巨大和无法预见的影响。《公约》于 2007 年 3 月 18 日生效。156 个国家对该公约进行了投票,其中 148 个国家投了赞成票,绝大多数都是 WTO 的成员国。

《公约》的明确目标之一是特别突出了其与 WTO 的联系,即承认文化活动、产品与服务具有传递文化特征、价值观和意义的独特性。该目标反映在《公约》的前言里,表达了缔约方的信念即文化活动、文化货物和服务兼有经济和文化的性质,不应仅以商业价值对待。《公约》在目标上重申了各国的文化主权,即各国拥有在其领土维持、采取和实施它们认为适合的保护和促进文化表现形式多样性的政策和措施,在缔约国境内的文化表达方式面临严重威胁的情况下,缔约国可采取所有适当的措施来保护和保留文化表达方式。

为实现该目标,《公约》有相当广泛的适用范围,涵盖缔约方制定的与保护和促进文化表现形式多样性有关的政策和措施。这些表现形式产生于个人、团体和社会的独创性,并包含文化内容,而文化内容则指起源于或表现文化特征的象征性含义、艺术特点和文化价值。

某些 WTO 成员方对文化内容的宽泛定义表示担心,它们几乎可以延伸至无限范围的产品,包括计算机游戏、设计物品、建筑服务、医疗服务、旅游服务、汽车、纺织品、铜,甚至稻谷。于是,《公约》可能影响 WTO 协议所覆盖的 GATT、GATS 和 TRIPS 等领域。如果某缔约国采取的某个文化政策或管理措施影响了 WTO 体制下促进贸易自由化的原则,如国民待遇或最惠国待遇,那么该国要么捍卫《公约》确认的文化主权,要么被其他成员方在 WTO 提起争端解决诉讼。因此,当文化以商品或服务为载体进入贸易中时,对于其成员方的权利义务的规定,《公约》与 WTO 协议之间就产生了冲突。

《公约》之下的义务可能对 WTO 范围内的国民待遇产生影响,如其第 7 条规定:缔约方应在其领土内努力创造一种环境,鼓励个人和社会群体创作、制作、传播并接触他们自己的文化表现形式,适当关注妇女以及各种社会群体,包括属于少数和本土民族的人的特殊情况和需要。

《公约》之下的义务也可能与 WTO 范围内的最惠国待遇产生冲突。例如,第 12 条规定:缔约方应努力加强他们的双边、地区和国际合作,创造有利于促进文化表现形式多样化的条件,尤其是鼓励达成合作制作和合作发行的协议。又如,第 16 条规定:发达国家应当促进与发展中国家的文化交流,途径是通过适当的机构和法律框架,为来自发展中国家的艺术家和其他文化专业人士与从业者,以及文化产品和服务提供优惠待遇。这个宽泛的要求可能会促使 WTO 成员方制定不符合 WTO 中一般最惠国待遇的规则,并且没有得到涉及发展中国家特殊或差别待遇的任何 WTO 条款的豁免。

然而,美国等一些 WTO 成员方认为不需要为文化产品在现行条款之外提供其他的任何特殊待遇,这些 WTO 成员方不会成为《公约》的缔约方,或者即便成为缔约方也会对《公约》提出保留。例如,美国明确表示反对《公约》中的某些方面,认为其有可能损害其他国际协议下的权利和义务,并会对完成 WTO 多哈回合谈判的前景产生负面影响。故,美国并未加入《公约》。

《公约》声明不影响缔约方在其他国际条约之下的权利或义务,《公约》第 20 条在总体上规定了其与其他条约的关系:互相支持、互为补充,但相互之间没有隶属关系;《公约》明确规定了它不能成为修改缔约方在其他条约下的义务和权利的理由,这说明公约在一定程度上屈从于 WTO 规则,该《公约》只能在与同时或嗣后缔结的条约相冲突时具有优先适用地位,但这不适用于处理与 WTO 协定的关系。即使其有优先于 WTO 规则的意图,但 WTO 争端解决机构中的专家组或上诉机构不会允许此种情况发生。因而,《公约》不会对 WTO 中的贸易—文化僵局产生重大影响。

但《公约》的缔约方可以借助该《公约》的原则在 GATS 谈判中为自己的承诺设定限度,并尝试在 WTO 之外解决因与 WTO 不一致的文化政策措施导致的纠纷。

2007 年 10 月 10 日,美国代表团向 WTO 争端解决机构送达了要求成立专家组的申请书,在此申请书中,美国对于中国实施的关于进口电影、音像产品、录音制品以及出版物的贸易权措施和分销服务措施提出了争议解决要求。就贸易权而言,美国认为,中国没有许可所有的中国企业及所有的外国企业与个人有权进口文化产品的行为违反了中国所加入的议定书承诺及 GATT 下的义务;就分销权而言,美国认为,中国对于提供文化产品分销服务的外国供应商实施市场准入限制或实行歧视的若干措施违反了 GATS 下的具体承诺。对此,中国以维护"公共道德"为由拒绝开放文化产品的贸易权和分销权。对于中国援引 GATT 第 20 条(a)项公共道德例外的抗辩理由,专家组认为,是否是保护公共道德所必需的,需要考虑四个权衡标准,即:①涉案措施保护目的的价值重要性;②涉案措施对被诉方追求目标的贡献度和对国际贸易的限制程度;③是否存在一项不违反 WTO 协定或者违反程度较轻的替代措施;④被诉方提出表面证据证明涉案措施是必需的,如起诉方提出一项被诉方可以采取的与 WTO 相符或较轻的替代措施,则被诉方应证明该措施实际上并非合理的存在。最终,除了涉案措施保护的公共道德具有高度价值外,专家组否定了其他三个标准在中美"文化产品案"中的适用。同时,因中国在服务贸易承诺减让表中承诺了给予出版物销售服务以市场准入和国民待遇而导致涉案措施违反了 GATS 第 16 条规定的市场准入条款和第 17 条规定的国民待遇条款。

2009 年 12 月,WTO 上诉机构发布了中国在中美出版物和音像娱乐制品案中败诉的报告,历时近 3 年的中美"文化产品案"以中国承诺修改相关文化贸易措施而告终。该报告大体支持了美国的主张,认为中国在出版物和音像制品进口及外商分销领域存在限制,违反了中国加入世界贸易组织的承诺及 WTO 规则规定的义务。

加入 WTO 并不意味着各成员国在某些社会理念、价值和制度达成一致,WTO 协定也未就"公共道德"的实质内容达成一致意见。为维护公共道德和促进本国文化事业的发展,各国可以根据公共道德的内在价值减少可供消费者选择的产品或服务数据,可根据公共道德的外在有用性提高可供选择的产品或服务的质量;但依据 WTO 协定,除非将上述两种措施统一适用于国内外的产品或服务,否则,无论是减少数量还是提高质量都有可能违反 GATT 的数量限制、国民待遇原则以及 GATS 的市场准入承诺和国民待遇承诺。GATS 第 1.1 条规定,GATS 适用于成员方"所有影响服务贸易的措施",因此,GATT 的一般例外在维护成员方的文化例外主张上所能发挥的作用有限;在没有明确的文化产品例外规定的情况下,从字面上理解,GATS 适用于文化产品服务,不能用文化例外来为违反 GATS 承诺的措施进行抗辩。

第二节　GATS 框架下的数据流动规则

一、数字化内容产品的归类问题与关税征收

将文化产品划归为货物还是服务需要解决两个问题:一是对于其数字化产品,如通过互联网、电视或广播等电子方式传输的电影或音乐应给予何种待遇?二是 WTO 成员方达成了一个决定暂时不对电子化传输的文化产品征收关税的备忘录,这个备忘录产生了两个相互重叠的问题:数字化的文化产品应被归类为货物还是服务? WTO 成员方今后可否对其征收关税?

数字化产品如果未借助实物载体(如 CD)运输,将其视为货物是勉强的;如果借助实物载体(如 CD)运输,将其视为服务也是勉强的。为了避免贸易扭曲,某一种产品在国际贸易中应始终以同样的方式对待,无论其表现形式或提供该产品所使用的技术。WTO 使用的是货物与服务的二分法,对于某些产品,这种二分法显得有些生硬,但以 GATT 规制货物由来已久,更适用于规制以实物跨境方式进行交易的产品。相比较之下,通过互联网或类似途径以电子化方式传输的产品,更倾向于被归类为 GATS 领域。

如果将数字化内容产品纳入 GATS,成员方需要确定视听服务的适当分类以及视听服务与远程通信服务之间的区分,还需要确定以电子化方式从一个成员方向另一个成员方提供的服务属于服务贸易模式 1 还是模式 2。

对于数字化内容产品,如果这些产品是服务,通常不会被征收关税;同时,技术上的限制也使 WTO 成员方在一定时期内无法实施关税征收。因而,将数字化内容产品关税的暂时豁免永久化并具有约束力地延展下去,是可以实现的。

二、以负面清单方式给予 GATS 全面优惠待遇并附加有限的义务减免

目前,GATS 采取一种自下而上的或肯定式清单,由成员方选择其愿意做

出国民待遇和市场准入承诺的服务部门;GATT 则采用一种自上而下的或否定式清单,除了特定的例外,国民待遇和数量限制方面的义务是全面适用的。因而,可以借鉴 GATT 的方式,对数字化内容产品采取否定式清单附加有限的义务减免的方式,除非得到豁免,GATS 下的国民待遇和市场准入规则可全面得以适用(GATS 下的最惠国待遇已经如此适用)。

成员方应当将 GATS 下的数字化内容产品置于国民待遇和市场准入原则之下,不应当以需要保护或促进文化为由通过市场准入限制的方式进行贸易限制。虽然某些针对外国文化产品的歧视措施有一定的正当性,但也应是基于国民待遇的例外。对于 GATS 下的四种服务贸易模式提供的数字化内容产品,就国民待遇、最惠国待遇和市场准入采取否定式清单是可以实现的,只要成员方为自己的文化政策措施保留了充分的逃避途径。

文化产品的社会价值和文化价值有时大于消费者个人愿意为其支付的价格,因此,有些成员方可能有真实的和合理的意愿支持当地的文化产品。另外,要使这些产品的生产和消费达到理想的水平,成员方不得不对外国文化产品采取法定的或事实上的歧视措施。虽然这种歧视措施通常违反了 WTO 规则中的国民待遇和最惠国待遇,但只要其对国际贸易仅造成最低限度的限制和扭曲,也是正当的。

将数字化内容产品(以电子化方式交付的内容产品)归类为服务,所有 WTO 成员方全面接受 GATS 下与文化产品有关的最惠国待遇、国民待遇和市场准入义务,将有利于服务贸易自由化的实现。同时允许在无不正当贸易限制的情况下采取某些措施以推行文化政策,这些政策措施主要采取补贴的形式,并为发展中国家和最不发达国家保留更多的灵活性。

WTO 成员方应当承认文化政策的目标以及其他成员方所拥有的推动文化政策目标实现的权利的合法性。文化产品的价值既是经济的也是文化的,成员方也应谨防伪装成文化政策的贸易保护主义。

需要法定的或事实上歧视外国文化产品或在外国文化产品之间施行歧视性的文化政策,也许是正当的,但这并不需要限制进口,因为保护和促进文化多样性并不意味着将其与外来影响相隔离。因此,经济效益与文化目标是相辅相成的,保护当地文化产业不受外国进口的影响,不仅能削弱其经济竞争力,还能降低其对当地文化发展的贡献。WTO规则应专注于在实现文化目标的同时将文化政策措施造成的贸易限制降到最低,而不是评估单个成员方的动机或其文化政策措施实现目标的有效性。

就如何协调数字化内容产品兼具货物和服务特性的问题,一种主张认为,可将所有文化产品都置于最惠国待遇、国民待遇和市场准入的规定之下,对歧视性补贴之类的例外做出明确限定。可以通过一种有关文化产品的附件方式明确相应内容,从而实现这些变革。

第三节　WTO涉及数字议题的谈判进程

一、WTO"电子商务工作项目"

1998年,WTO第二届部长级会议发表《全球电子商务宣言》,各成员方达成共识,"将在下一次部长级会议之前制定一项全面的工作方案,以审查与全球电子商务相关的所有贸易议题。该工作方案将涉及所有相关的世贸组织理事会,充分考虑到发展中国家的经济、金融和发展需求,定期就项目进展情况以及各行动倡议形成报告,在第三届部长级会议提交。各成员方承诺将继续履行不对电子传输征收关税的做法。此外,各成员方达成共识,在第三届部长级会议中对《全球电子商务宣言》进行审议,同时约定可根据工作方案的进展情况,在协商一致的基础上进行延期"。

在《全球电子商务宣言》的指导下,1998年,世贸组织设立"电子商务工作项目"(E-commerce Work Program,以下简称"工作项目")。"工作项目"明确界定电子商务是指"通过电子手段进行生产、配送、营销、销售以及交付的货物或服务","工作项目"将"检查与全球电子商务相关的所有贸易议题",通过对多边贸易体制内所有与电子商务相关的议题进行系统、深入的解释以检验WTO协定对电子商务的适用性,并通过削减关税促进贸易自由化,进一步释放电子商务的巨大潜能。由服务贸易理事会、货物贸易理事会、知识产权理事会以及贸易和发展理事会共同负责该工作项目的执行,总理事会对该项目进行定期审查以宏观掌控该项目的执行情况,具体来看,"工作项目"最初包括服务贸易理事会下 12 项、货物贸易理事会下 7 项、知识产权理事会下 3 项和贸易和发展理事会项下 5 项共计 27 项议题,主要议题如表 4-1 所示。

表 4-1 "工作项目"初始议题清单

理事会	议题	条款
服务贸易理事会	1. 范围(供应模式)	Art. 1
	2. 最惠国待遇	Art. 2
	3. 透明度	Art. 3
	4. 提高发展中国家的参与度	Art. 4
	5. 本地规制、标准、识别	Art. 6 和 Art. 7
	6. 竞争政策	Art. 8 和 Art. 9
	7. 对隐私和公共道德的保护、防止欺诈行为	Art. 14
	8. 对数字服务的市场准入承诺(包括基础电信服务、增加值电信服务、分销服务)	Art. 16
	9. 国民待遇	Art. 17
	10. 公共通信运输网络和服务的可接入性和可使用性	通信福建
	11. 海关关税	—
	12. 分类问题	—
货物贸易理事会	13. 与电子商务相关的产品的市场准入	—
	14. 适用《关于履行 1994 年关贸总协定第七条的协议》(即《海关估价协议》)的估值问题	—
	15. 适用《进口许可证协定》所产生的问题	—
	16. GATT1994 第 2 条所界定的关税及其他税费	—
	17. 与电子商务相关的标准	—
	18. 原产地规则问题	—
	19. 分类议题	—
知识产权理事会	20. 对版权及其他相关权利的保护和执行	—
	21. 对商标的保护和执行	—
	22. 新技术和技术的可接入性	—

续表

理事会	议题	条款
贸易和发展理事会	23.电子商务对发展中国家的国际贸易和经济前景的影响,特别是对其中小企业的影响,以及促进电子商务收益最大化的可能手段	—
	24.促进发展中国家电子商务发展的挑战及路径,特别是电子交付产品出口商所面临的挑战:基础设施改善(可接入性)和技术转让,以及自然人流动	—
	25.利用信息技术促进发展中国家融入多边贸易体制	—
	26.电子商务对发展中国家以传统模式分销的有形产品的冲击	—
	27.电子商务对发展中国家的金融启示	—

(一)"工作项目"运行总体情况

如图 4-1 所示,世贸组织内与"工作项目"相关的提案累积总数已由 1998 年的 12 项激增至 2018 年的 423 项,其中服务贸易理事会和总理事会的提案数占比高达 3/4 以上。总体来看,世贸组织内与"工作项目"相关的提案经历了活跃、停滞、复苏、爆发四个阶段。第一阶段(1998－2003 年):1998 年,"工作项目"成立以后,WTO 成员方与电子商务相关的提案数快速增长,但是 1999 年 12 月西雅图部长级会议的失败直接导致"工作项目"实施具体行动的落空,随后几年 WTO 内与电子商务相关的提案数进入缓慢增长期。第二阶段(2004－2009 年):2003 年,坎昆部长级会议的全盘失败致使 WTO 遭遇自成立以来的最大危机,再次多边贸易体制的规则谈判职能遭受重创,"工作项目"陷入长达 6 年的停滞期。第三阶段(2009－2015 年):2009 年 12 月,日内瓦部长级会议再次唤醒"工作项目",各成员方达成的共识是"WTO 总理事会将定期对电子商务工作组的各项工作进行审议,工作组每 6 个月应向总理事会提交工作进展报告,并作为下届部长级会议的参考文件",WTO 内与电子商务相关的提案逐渐增多。第四阶段(2016 年至今):随着电子商务在国际贸易中的运用日益广泛与多样,WTO 成员方对电子商务的关注度显著提高,自 2016 年起,WTO 内与电子商务相关的提案进入爆发式增长期,2016 年、2017 年、2020 年 WTO 内与数字贸易相关的提案数分别高达 68 项、94 项、56 项。

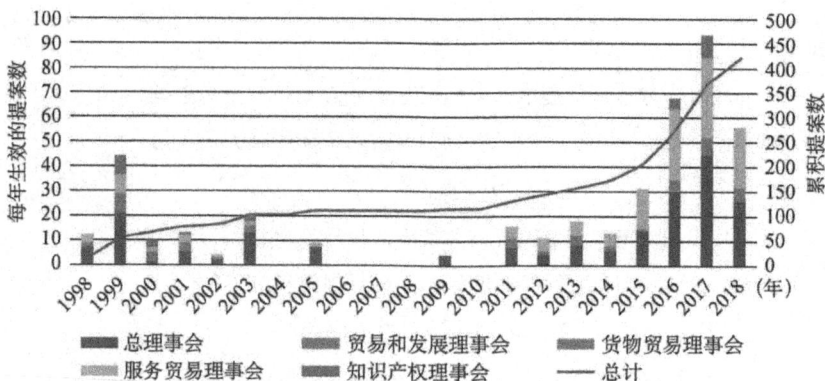

图 4-1 1998—2018 年 WTO 内与"工作项目"相关的提案数

(二)"工作项目"的主要提案方

从提案发起方来看,参与电子商务议题讨论的发展中经济体迅速增加。"工作项目"成立初期,参与电子商务议题讨论并提案的国家主要为美欧等发达经济体,埃及、印度、古巴等发展中经济体仅参与贸易和发展理事会、总理事会的提案。然而,自 2016 年起,参与电子商务讨论的发展中经济体迅速增加,如表 4-2、表 4-3 所示,目前在五大理事会中就电子商务议题进行提案的发达经济体共计 13 个,发展中经济体共计 23 个,后者占比约为 64%,可见,发展中经济体已成为电子商务的主要提案发起方。

从提案所涉及的理事会来看,在美国的 13 份提案中,涉及服务贸易理事会项下议题的提案共计 7 份,涉及货物贸易理事会、知识产权理事会、贸易和发展理事会项下议题的提案各 1 份;在欧盟的 25 份提案中,20 份涉及服务贸易理事会项下议题,5 份涉及知识产权理事会项下议题,3 份涉及贸易和发展理事会项下议题,1 份涉及货物贸易理事会项下议题;在日本的 11 份提案中,9 份涉及服务贸易理事会项下议题,1 份涉及知识产权理事会项下议题;在加拿大的 16 份提案中,15 份涉及服务贸易理事会项下议题,5 份涉及知识产权理事会项下议题,3 份涉及贸易和发展理事会项下议题;在中国的 7 份提案中,7 份均涉及服务贸易理事会项下议题,2 份涉及贸易和发展理事会,1 份涉及货物贸易理事会和知识产权理事会项下议题;在俄罗斯的 5 份提案中,均涉及服务贸易理事会项下议题。由此看出,"工作项目"的讨论主要集中于服务贸易领域,但是包括发展中经济体在内的世贸组织成员方已将提案的范围逐步拓展至货物贸易理事会、服务贸易理事会、知识产权理事会。2016 年 6 月,世贸组织的知识产权理事会进行了"工作项目"成立以来的首次讨论。

表 4-2　WTO 五大理事会中与电子商务相关提案的发起方分布(1998—2018 年)

国家或地区	提案数	国家或地区	提案数	国家或地区	提案数	国家或地区	提案数	国家或地区	提案数
阿根廷	4	俄罗斯	5	科特迪瓦	7	南非	4	乌拉圭	1
澳大利亚	14	非洲集团	3	马来西亚	3	欧盟	25	文莱	1
埃及	5	哥伦比亚	15	美国	13	日本	11	新西兰	2
秘鲁	3	哥斯达黎加	7	墨西哥	15	瑞士	4	新加坡	16
巴西	11	古巴	4	摩尔多瓦	2	塞舌尔	2	中国香港地区	5
巴拉圭	14	韩国	13	孟加拉国	2	中国台湾地区	12	印度	6
巴基斯坦	2	黑山	9	尼日利亚	3	土耳其	9	以色列	5
巴拿马	2	加拿大	18	尼加拉瓜	2	委内瑞拉	2	智利	16
厄瓜多尔	2	卡塔尔	3	挪威	6	乌克兰	6	中国大陆	7

表 4-3　1998—2018 年 WTO 五大理事会中与
电子商务相关提案的发起方(年份—发起方—提案数)

年份	提案发起方
1998	美国(2)、欧盟(2)、埃及(2)、澳大利亚(1)、瑞士(1)
1999	美国(2)、欧盟(3)、澳大利亚(4)、日本(3)、印度(1)、新加坡(1)、加拿大(1)、委内瑞拉(1)、古巴(1)
2000	欧盟(2)、澳大利亚(1)

年份	提案发起方
2001	古巴(1)、瑞士(1)、新加坡(2)、委内瑞拉(1)、阿根廷(1)、巴西(1)、巴拉圭(1)、乌拉圭(1)
2002	加拿大(1)
2003	美国(2)、欧盟(1)
2005	巴西(1)、美国(1)
2011	古巴(2)、厄瓜多尔(2)、尼加拉瓜(2)、美国(2)、欧盟(1)
2012	瑞士(1)、欧盟(1)、澳大利亚(1)
2013	中国台湾地区(1)
2014	美国(2)
2015	智利(3)、巴西(3)、埃及(3)、印度(3)、南非(3)、土耳其(3)、中国台湾地区(1)
2016	阿根廷(1)、巴西(2)、巴拉圭(4)、巴基斯坦(1)、巴拿马(1)、俄罗斯(2)、哥伦比亚(6)、哥斯达黎加(2)、韩国(4)、黑山(1)、加拿大(6)、卡塔尔(2)、科特迪瓦(4)、日本(3)、马来西亚(2)、美国(1)、墨西哥(6)、尼日利亚(2)、欧盟(4)、塞舌尔(1)、土耳其(2)、新加坡(8)、以色列(2)、中国大陆(4)、中国香港地区(2)、中国台湾地区(2)、智利(4)
2017	澳大利亚(6)、巴拉圭(9)、巴基斯坦(1)、巴拿马(1)、秘鲁(3)、俄罗斯(1)、非洲集团(3)、哥伦比亚(8)、哥斯达黎加(4)、韩国(9)、黑山(8)、加拿大(9)、卡塔尔(1)、科特迪瓦(3)、墨西哥(9)、马来西亚(1)、孟加拉国(2)、摩尔多瓦(2)、挪威(6)、瑞士(1)、塞舌尔(1)、尼日利亚(1)、欧盟(9)、日本(3)、土耳其(4)、乌克兰(5)、文莱(1)、新加坡(4)、新西兰(1)、印度(1)、以色列(3)、智利(9)、中国大陆(3)、中国香港地区(3)、中国台湾地区(5)
2018	阿根廷(2)、澳大利亚(1)、巴西(4)、俄罗斯(2)、哥伦比亚(1)、哥斯达黎加(1)、加拿大(1)、美国(1)、南非(1)、欧盟(2)、日本(2)、新西兰(1)、新加坡(1)、乌克兰(1)、印度(1)、中国台湾地区(3)

(三)"工作项目"的进展

2001年,多哈回合谈判正式启动,各成员方达成共识:现有WTO协定及规则仍能有效契合电子商务发展的各项需求,"工作项目"将在现有WTO规则内对电子商务进行系统、深入的解释,不会开启新的 WTO 规则谈判,即多哈回合不会成立专门的电子商务谈判小组,WTO 成员方也不要求在多哈宣言中达成《电子商务协定》,电子商务议题将在非农产品市场准入、服务议题谈判和 TRIPS 协定中分别进行磋商与讨论。因此,"工作项目"作为一种解释程序,仅用于检验现有 WTO 协定对电子商务的适用情况,即其对电子商务议题的讨论仅限于关税削减、市场准入和国民待遇原则等传统议题,并不涉及消费者保护、隐私、互联网中性、竞争和数据输入等新型"规制融合"议题。

然而,即便如此,在多哈回合的整体拖累和电子商务议题自身的复杂敏感性的双重影响下,"工作项目"各理事会的提案仅仅停留在有关的会议记录和咨询报告中,并未取得任何实质性进展与成果。在初始的 27 项议题清单中,成员方仅就货物贸易"标准和技术性贸易壁垒",GATS 第 6 条和第 7 条"国内规制、标准、协调"条款,GATS 第 14 条"一般例外原则"3 项议题对电子商务的适用性达成基本共识。多边电子商务规则的缺位直接导致跨境数据传输和互联网成为国际贸易的重要争端点。

二、WTO 电子商务协议的新发展:电子商务倡议

2017 年 12 月 13 日,71 个 WTO 成员方在布宜诺斯艾利斯部长级会议中发表《电子商务联合声明》,各成员方重申全球电子商务的重要性及其为包容性贸易和发展所创造的机会,指出世贸组织应促进建设开放、透明、非歧视和可预测的监管环境,以促进电子商务的发展。同时,该声明指出 71 个 WTO 成员方将共同开展探索性工作,以服务于未来的 WTO 电子商务谈判。2019 年 1 月 25 日,中国、美国、欧盟、日本、俄罗斯等 76 个世贸组织成员方发表《电子商务联合声明》,确定各成员方有意在世贸组织现有协定和框架的基础上,启动与贸易有关的电子商务议题的谈判。76 个成员方的贸易额占世界贸易总额的 90%,符合 WTO 关于诸边协定必须覆盖贸易对象的"关键多数"的传统做法。此后,美国、日本等提交提案,再次重申 2018 年提案的相关主张。

总体来看,上述 76 个成员方既有发达经济体,也有发展中经济体,还有最不发达经济体,各经济体在电子商务领域的共识与分歧并存。从共识来看,成员方达成广泛共识,即应当:①扩大数字产品和数字服务的市场准入;②普遍认同世贸组织对电子传输免征关税的惯例做法;③澄清世贸组织内与电子商务相

关的各类市场准入和规制措施;④推动电子商务便利化,特别是推动无纸化交易;⑤加强线上消费者保护,禁止对线上消费者造成损害或潜在损害的诈骗和商业欺诈行为;⑥加强消费者个人信息保护。从分歧来看,美国、欧盟、加拿大、俄罗斯及发展中经济体在电子商务提案中的侧重领域和优先事项各不相同,各经济体对电子商务高标准规制融合类议题的谈判诉求依次降低。

美国在提案中提出的贸易规则代表了保护与促进数字贸易的最高标准。其基于自由贸易协定中"电子商务"章节提出 WTO 电子商务谈判提案,并在"电子商务"的基础上深化"数字贸易"理念,议题设计更具有未来导向。《美墨加协议》(USMCA)的相关条款是美国主张的具体体现。例如,《美墨加协议》首次将"电子商务"专章改为"数字贸易"专章,相关内容是美式数字贸易规则的最高标准。《美墨加协议》"数字贸易"章节不仅对 TPP 电子商务章节中原有的跨境数据自由流动、计算设施非本地化、保护源代码等高标准规则进行了深化,而且增加了交互式计算机服务、开放政府数据等新规则。在"金融服务"专章中,《美墨加协议》规定了信息传输条款,要求缔约方不得禁止或限制通过电子方式跨境传输金融信息,以及计算设施位置条款,要求缔约方不得限制金融公司计算设施的位置,这些规定将大大促进金融领域的数据自由流动。

欧盟兼顾市场的充分开放与监管机构的独立管控,特别关注电信市场服务领域,提出了涉及电信市场开放、竞争、监管、补偿机制在内的系统方案。一方面,欧盟要求各国实现互联网络的开放与竞争中立;另一方面,欧盟要求监管机构应具有充分的自主性,以便对电信部门进行管控,同时保留对电信部门的相关决议进行追索的权利。此外,欧盟要求各国监管机构确保与电信市场相关的各类授权与许可制度的"必要性",并提供公平、透明、有效的争端解决机制。然而,在美国较为关注的"跨境数据流动"领域,因为欧盟内部始终无法就此议题达成一致意见,所以欧盟提案并未涉及。

加拿大和俄罗斯侧重强调对世贸组织现有规则进行进一步澄清。加拿大特别指出因受限于技术水平而未在 GATS"模式一"中做出承诺的关税条目,应在电子商务谈判中进行修订;世贸组织成员方应提供竞争性金融服务市场(包括支付方式),根据金融服务承诺备忘录,接受《GATS 第五议定书》;成员方应根据扩围的《信息技术产品协定》,对信息与通信技术产品免征关税。俄罗斯强调包括关税减免、海关估值、原产地规则、进口许可证、标签、卫生与植物检疫措施、知识产权保护、GATS 各项具体承诺、贸易便利化措施等世贸组织内与电子商务相关的所有市场准入和规制条款均应得到进一步澄清。

发展中经济体特别凸显电子商务所应具有的发展属性。巴西、阿根廷、哥伦比亚、哥斯达黎加等经济体提出电子商务市场准入谈判及规制议题均应对发展中经济体和最不发达经济体提供一定的灵活性,逐步弥合发达经济体和发展中经济体之间的数字鸿沟,同时提高妇女和中小微企业对国际贸易的参与程度。在发达经济体中,仅日本提出为发展中经济体及最不发达经济体提供能力建设和技术援助支持,促进发达经济体和发展中经济体在电子商务领域的发展和合作。

第四节　主要经济体对 WTO 电子商务谈判的诉求和发展趋势

一、美国和日本等

美国于 2018 年 4 月 12 日向 WTO 提交电子商务提案,该提案概括了其认为在电子商务谈判中需要解决的七大议题。

(一)信息自由流动

具体主张包括以下三个方面的内容:①跨境数据传输。互联网用户必须按照其认为适当的方式传输数据。贸易规则能确保消费者和企业跨境传输数据,不受任意或歧视性限制。②防止数据本地化。贸易规则能确保企业不被要求在他们提供服务的每个管辖权范围内建立或使用独特的、资本密集型的数字基础设施。③禁止网页拦截。贸易规则,包括确保网络访问的规则,能确保政府不会任意拦截或过滤在线内容,也不要求互联网中间服务提供商进行拦截或过滤。

(二)数字产品公平待遇

具体主张包括以下两个方面的内容:①免税待遇。贸易规则能确保政府继续并永久采取避免对数字产品征收关税的做法。②非歧视待遇。贸易规则能确保在产品数字化并通过电子方式分销时针对歧视适用保护措施。

(三)保护专有信息

具体主张包括以下三个方面的内容:①保护源代码。不得以要求企业分享其源代码、商业秘密或算法作为市场准入条件。贸易规则能确保政府不强制要求获取或与当地企业共享此类专有信息,同时保留主管部门实现合法监管目标的能力。②禁止强制技术转让。贸易规则能禁止强制转让技术、商业秘密或其他专有信息的要求。③禁止歧视性技术要求。贸易规则能防止随意强制要求使用国内技术。

(四)数字安全

具体主张包括以下两个方面的内容:①加密。贸易规则能确保供应商使用创新型安全加密技术,同时为政府提供符合法律规定的数据访问权限。②网络安全。贸易规则能通过采用基于风险的方法来减轻威胁,避免贸易限制和贸易扭曲,从而确保政府建立预防和应对网络安全事件的能力。

(五)促进互联网服务

具体主张包括以下三个方面的内容:①数字相关市场准入承诺。WTO服务分类已经严重过时,特别是通信服务,各方应当共同确定哪些旧分类和承诺仍可适用于新技术。此外,新承诺也应允许跨境提供与传统通信服务竞争的互联网服务。②开放政府数据。贸易规则能鼓励政府以机器可读、开放的格式提供可以搜索、检索、使用、重用和重新分发的公共信息。③非知识产权内容的责任。贸易规则不但能保证仅仅存储、处理或传输内容不会使中间商对该数据的内容承担法律责任,而且可以允许采取确保严格执行知识产权和刑法的措施。

(六)竞争性电信市场

建议将《WTO电信参考文件》纳入WTO成员方的承诺表,并为电信投资者和跨境提供商提供市场准入。

(七)贸易便利化

WTO成员方应当全面落实《贸易便利化协定》,并确定合理的低额关税豁免水平。

澳大利亚、新西兰、日本等《全面与进步跨太平洋伙伴关系协定》(CPTPP)成员方的主张与美国接近,日本尤其如此。日本的提案梳理了未来电子商务协定可能涵盖的要素:第一,电子商务/数字贸易的监管框架,包括电子签名和认证、在线消费者保护、未经请求的商业电子通信、无纸贸易、隐私保护、电子支付、标准和互操作;第二,开放和公平的贸易环境,包括关税、数字产品的非歧视待遇、通过电子手段跨境传输信息、禁止数据本地化、开放网络、合法政策目标的范围、自由化承诺;第三,保护知识产权,包括保护源代码和专有算法等重要信息、保护加密产品的创新、保护知识产权的贸易层面;第四,增强透明度,包括就监管措施和程序交换信息、利用贸易政策审议和贸易监测报告提高透明度;第五,发展与合作,包括监管合作、贸易和技术援助。

此外,美国与日本的双边贸易协定谈判已于2019年4月启动,被业界视为美日两国共同制定全球数字贸易规则最高版本的绝佳机会。因为美国和日本在数字贸易领域全球领先,在规则诉求上高度相似,完全有可能在云计算、网络安全等新问题上制定更高水平的数字贸易规则和标准体系,为亚太及其他区域贸易协定的谈判树立重要先例。

当然,日本的提案覆盖的议题更全,不仅涉及跨境传输信息、禁止数据本地化等深层规则,还涉及电子签名和认证、无纸贸易等浅层规则,还兼顾了各成员方的国(地区)内监管权,以及发展中成员的特殊需求。作为《电子商务共同声明》的协调方,日本很看重是否能在WTO框架下达成电子商务协定,所以协调各方利益、避免谈判破裂显然是日本必须考虑的事项。为此,日本提出"双层"承诺框架,即第一层成员的承诺参照美式标准,第二层成员的承诺更加灵活,以此为发展程度不一的参加方提供更多选择,最终促成电子商务诸边协定的达成。

二、欧盟

欧盟的提案包括两部分内容:一是营造有利于电子商务发展的环境,包括电子合同、电子认证和信任标记服务、消费者保护、非应邀商业电子信息、预先核准、电子传输免关税永久化;二是开展修改 WTO 电信服务规则的探索性工作,讨论改进《电信参考文件》,以及关系到当今电子商务发展的一整套电信服务规则,包括推动电信部门有效和透明的监管、促进电信市场的有效竞争、增强法律确定性和可预见性、网络开放和中立、电信服务的安全网络。

此外,欧盟内部的立场分歧始终掣肘欧盟接受跨境数据流动条款。从《国际服务贸易协定》(TISA)谈判到《跨大西洋贸易与投资伙伴关系协定》(TTIP)谈判均是如此。在《欧盟—日本经济伙伴关系协定》(欧日 EPA)谈判时,欧盟试图在一份概念性文件中澄清有关跨境数据流动的立场,但这一尝试遭到了欧盟产业组织和许多成员国的反对。欧日 EPA 于 2018 年 7 月签署,这份迄今为止全球最大的自贸协定最终没有对跨境数据流动作出承诺,仅规定"双方同意在协定生效之日起 3 年内就纳入数据自由流动条款协定的必要性进行重新评估"。不过,该协定禁止要求转移或获得软件源代码,除非政府有安全例外条款、审查条款、审慎例外条款的依据。

然而,在与智利、印度尼西亚的自贸协定谈判中,欧盟提出的数字贸易文本草案已经准备纳入数据流动和数据本地化的规定,只是肯定会把个人信息排除在外。

欧盟虽然主张达成全面的、高水平的协定,不过在探索性讨论中,欧盟曾主张电子商务谈判应当聚焦于"低挂果实",以后再逐步增加内容。欧盟还提出谈判框架应当务实和灵活,以尽可能多地吸引成员方加入。欧盟就极力主张中国应当加入,一方面,因为中国贸易量巨大,没有中国的加入,参加方的贸易额无法达到全球贸易总量的 90%;另一方面,因为中国也不同意跨境数据自由流动,在谈判中将对美国形成掣肘。

三、其他成员方

俄罗斯的提案将电子商务议题分为两类。第一类是在 WTO 框架内但需要针对电子商务的特殊性进一步澄清的事项,包括:关税征收;海关估价、原产地规则、进口许可、认证、标签、技术法规和 SPS 措施的应用;传统知识产权保护原则在电子商务领域的适用,并考虑电子商务的跨境特点及创新性;GATS 承诺的适用及有关电子商务的单独服务;无纸贸易。第二类是现有 WTO 规则未涵盖但与电子商务相关的事项,例如:电子签名的认证和承认(需要制定电子签名认证和承认的原则和规则);电子支付(需要建立电子支付安全机制);隐私、个人数据保护、安全数据流动(需要建立数据保护机制和安全数据流动条件);消费者保护(关键消费者权利需要得到承认)。

值得关注的是,尽管俄罗斯是强行实施数据本地化的典型代表,特别是2013年"棱镜门事件"之后,基于维护国家安全的历史传统以及应对网络威胁的现实需要,俄罗斯通过修改法律不断强化数据本地化,如颁布关于修改俄罗斯联邦某些法律以明确信息通信网络中个人数据处理规范的《第 242－FZ 号联邦法》以确立数据本地化规则,但是俄罗斯的提案提出了安全数据流动的主张。这意味着俄罗斯并不反对就跨境数据流动规则开展谈判。

巴西先后提交了 4 份提案。其中两份为"电子商务与知识产权",强调了WTO 在实施版权规则和营造数字环境方面可能趋于一致的三个领域:①透明度;②管辖权;③权利和义务的平衡。另外两份则阐述了其认为探索性工作应有的范围、原则以及主要谈判内容,包括四大谈判支柱:①市场准入,可以根据GATT 和 GATS 现行规则开展市场准入谈判工作,原则上不需要制定新的规则;②电子商务便利化,包括促成电子商务实现的各种事项;③电子商务的发展,电子商务的进一步发展与一些关键领域的发展密切相关,这一领域的问题属于"自身问题",需要在制定规则之前进行具体审议;④电子商务参考文件,这一支柱包括电子商务的核心议题,很可能需要制定规则。巴西的提案还列举了电子商务协定文本应当纳入的具体条文,包括以电子方式跨境传输信息、网络安全等。

对于跨境数据流动,巴西的提案指出,可以将数字数据流动的程度和条件作为讨论的出发点。巴西的提案还提到,尽管有人认为不应该对数据的自由流动施加任何限制,但是监管机关在履行职责时仍然不可避免地要限制数据流动。GATS 第 14 条的一般例外条款和安全例外条款在这方面有所帮助,但这两个条款均非专门针对数字环境而制定。因此,考虑改进后的原则如何明确适用于数字环境的一般例外和安全例外可能会有所帮助,应讨论"自愿采用设计＋默认国际隐私标准"以及"设计＋默认国际安全标准"。

第五章

数字贸易国际规则与国内外监管立法实践

第一节　电子和认证

一、国际立法及实践

（一）国际立法概况

国际上的电子签名立法有三种不同的立法模式,学界将其分为技术特定、技术中立、折中型技术中立。第一波为技术特定,这种方案将数字签名技术作为电子签名的法定技术,集中规定了电子签名的技术规则和法律效果,美国犹他州《数字签名法》为其代表。第二波为技术中立,这种立法模式并不确定具体的技术方案,而是采用技术中立的立场,对广义范围的电子签名给予法律确认,联合国贸易法委员会《电子签名示范法》为其代表。第三波为折中型技术中立,新加坡《电子交易法》为引领者,在"技术中立"的程度上,采取了独具特色的"折中型"技术中立,对电子签名做出特别规定,确保法律的可靠性和安全性,同时又不排斥其他形式的电子签名。

世界上第一部电子签名法制定于1995年,是美国犹他州制定的《数字签名法》,此后有关电子商务的法律开始在各个国家陆续制定。欧盟委员会1997年4月提出著名的《欧洲电子商务行动方案》后,欧盟各国又于同年7月在波恩召开了有关全球信息网络的部长级会议,并通过了支持电子商务发展的部长宣言。随着电子商务的发展,为了在欧洲层面上制定一个统一的电子签名法律框架,欧盟委员会于 1999 年 12 月 13 日制定了《关于建立电子签名共同法律框架的指令》。新加坡于 1998 年颁布了《电子交易法》,日本政府在 2000 年 5 月颁布了《电子签名及认证业务的法律》后,于同年 6 月又颁布了《数字化日本之发端——行动纲领》,联邦德国在 2001 年 5 月 16 日公布了《电子签名框架条件法》。

1996 年,贸法会制定了《联合国贸易法委员会电子商业示范法》(以下简称基本法),统一解决因使用电子记录给电子商务带来的法律不确定性问题,特别是就"原件""书面""签名"等问题做了规定。基本法第 7 条就电子签名做了规定,为电子签名何种情况下推定为签名规定了一个弹性标准,即"(a)使用了一种方法,鉴定了该人的身份,并且表明该人认可了数据电文内含的信息;(b)从所有情况来看,包括根据任何相关协议,所用方法是可靠的,对生成或传递数据电文的目的来说也是适当的"。该法只进行了原则性规定。

为使"电子签名的规定"更具可操作性,联合国贸法会在 1997 年委托其下属的电子商务工作组起草签名法。工作组历时 4 年多,经过 7 次修改,最终于 2000 年 9 月底的第 37 次会议上,全部完成了签名法草案的起草,并将其定名为《电子签名示范法》。该法于 2001 年 6 月在维也纳会议审议通过。其主要特点如下。

1. 确立了技术中立原则

第 3 条规定"除第 5 条外,本法任何条款的适用概不排除、限制或剥夺满足第 6 条第 1 款所述要求或者符合适用法律要求的制作电子签名的任何方法的法律效力"。即:不仅仅因为某种签名是电子形式而否定该签名的法律效力,电子签名的文件和手写签名的文本不应有不同待遇,不同类型的电子签名文件之间,只要符合要求,就不应有区别,任何电子签名的技术都不应该受到歧视。该法鼓励电子签名的使用,但不强制用户使用电子签名,使技术弱者的利益得到平等照顾。

2. 确立了当事人自治原则(合同自由原则)

第 5 条规定"本法的规定可经由协议加以删减或改变其效力,除非根据适用法律,该协议无效或不产生效力"。《电子签名示范法》是以商业行为为对象而起草的。一般认为,商业行为属于私法领域,当事人自治原则(合同自由原则)是私法的根本原则。因此,该法赋予当事人广泛的自治原则,所有规定都是任意性规范,但该原则受国家法律的制约。贸法会建议各国在立法时,不应在电子签名法这样的规范中纳入限制合同自由的条款,但也不能授权当事人可以自由约定超越法律强制性的规定。

3.作为框架规则,有待技术规范和合同的补充

与基本法一样,该法仍然是一个开放的框架规则,仍过于原则,不能满足电子签名的使用对立法的要求,各国立法时,应根据本国内的特殊情况,制定详尽的补充规范,特别是在程序方面,可做出详细规定,但不能危及电子签名立法的目的。贸法会建议,各国如果做出补充规定,应为各种可能的技术保留空间,保留立法的灵活性,以适应新技术的发展。

4.明确了电子签名的法律效力

根据基本法第7(1)(b)条的弹性标准,《电子签名示范法》第6、7条规定了一个机制,即某电子签名如果满足了技术可靠性的客观标准,法律便预设其具有法律效力。该法授权某特定机构(私人或政府机构)对满足了法律规定要求的签名技术直接承认法律效力。

5.规定了各方的基本行为规则

该法规定了签名关系各方的基本行为规则,对于各方法律责任,因分歧很大,留给各国自己规定。各方法律责任的内容包括签名人的义务、依赖人的义务、证书服务提供人的一般义务等。

迄今为止,世界上已有60多个国家和地区制定了相关的法律法规。世界各国和地区对电子签名方面的立法在规范电子签名活动,保障电子交易安全,维护电子交易各方的合法权益,促进电子商务的健康发展方面发挥了重要作用。

(二)美国电子签名和认证立法情况

犹他州《数字签名法》:在信息业最为发达的美国,以高科技为先导的犹他州在"信息高速公路计划"出台后,率先制定了州级"信息高速公路"实施计划,成为世界第一个建设信息高速公路的地区,并于1995年3月制定通过了世界上第一部电子签名法——犹他州《数字签名法》,该法以细致详尽的规则构建了调整数字签名的法律框架,是美国最具代表性的电子签名法之一,对世界其他国家和地区的电子签名法律制度产生了深远影响。

犹他州《数字签名法》所确立的数字签名,是电子签名的下位概念,而电子签名则是为适应信息电子化、数字化、网络化而产生的功能替代物,是电子信息时代签名概念的重构。该法属于电子签名立法的初期阶段,并未将技术中立作为立法原则,而是仅将特定的电子签名技术作为法定技术,并规定了该签名技术的法律规则和法律效果。这种特定技术是以非对称加密方法为基础的数字签名。将特定技术作为法定的技术标准,是建立在对现有电子签名技术考察的基础上,基于对特定签名技术的信赖,认为从安全性、成本等方面综合考虑,只有该技术是相对较为理想的电子签名方案,并且由法律直接参与电子签名标准的实施可以帮助该项技术建立公信力,推进信息化建设。虽然在此种立法方式下,签名技术相对确定、成熟,可以消除不确定因素,具有安全性较高、可操作性强的优点,但却限制了其他电子签名技术的发展和应用,违背了当事人意思自治原则,难以获得市场的认可,因此,该法于 2006 年 5 月 1 日正式被废除。

1.《统一电子交易法》

在 1999 年以前,美国电子商务面临的主要问题是,以电子方式产生的合同的合法性、记录及签名的证明力均不确定。虽然各州先行制定了各自的关于电子签名、电子交易的法律,但各州的立法一片混乱,联邦国会的电子商务立法迟迟不能出台,统一的州立法更是一片空白。为了结束这种不确定的状态,统一电子领域的交易规则,民间组织的立法建议应运而生。其中统一州法全国委员会起草的《统一电子交易法》是美国为各州之间的电子交易提供一套统一立法的第一次尝试,主要适用于一切发生于两个或两个以上的当事方之间的交易中有关商务或政府事务的电子记录或签名,有特定实体法调整的交易除外。这部"技术中立"的法案分别统一了电子记录、电子签名、电子代理、自动交易、政府机构等一系列基本概念的定义;确认合法的电子记录和签名等电子交易形式与传统交易的书面形式在实体法和程序法中具有同等法律效力;同时,它着重解决了电子交易的特殊问题,诸如电子记录的提交、发送、接收、保存以及电子记录与签名的公证、确认的法定要件,还为电子记录和电子签名的归属和效力的判断制定了中立的技术标准,当电子记录由于传送发生变更或错误时,制定特殊的归责原则和救济手段。此外,该法案还对自动交易合同的形式要件,可转让电子记录,政府机构生成、保存、发送和接收电子记录等做出了详细的规定。

2.《全球和国内商业法中的电子签名法案》

2000 年 10 月,美国国会通过《全球和国内商业法中的电子签名法案》(以下简称《法案》),并由总统克林顿以电子方式签署为法律。它是一项重要的电子商务立法,其突出特点是采纳了"最低限度"模式来推动电子签名的使用,不规定使用某一特定技术。其主要内容有以下三个方面:

(1)在电子签名的适用范围方面

《法案》的规定适用于一切影响州际的或外国的商业合同、协议和记录,以及《1934年证券交易法》管辖范围的事项。

(2)对于电子签名的效力

《法案》将重点放在查证签名人的意图上,而非签名的形式和规则。《法案》赋予电子签名、电子合同和电子记录与传统手写签名相同的法律效力和可执行力。它不但承认了"数字签名技术",也授权在未来可使用其他任何类型的签名技术。但《法案》同时明确,《法案》的规定不影响现有关于合同、记录必须采用书面签名或电子形式以外的其他形式的法律要求。

(3)《法案》规定了通过选择"加入"系统而自愿使用电子签名或记录的规则

消费者可以自由地选择交易形式,如果同意进行在线交易,则以电子方式确认其意思表示。《法案》规定,公司必须提供一种"清楚、明晰的陈述",并在消费者做出意思表示之前,告知其有权获得一份非电子形式的记录和撤回其意思表示,以及有权取得保留电子记录所需要的硬件和软件条件。至于消费者的"意思表示",必须"合理地表明"消费者获得电子形式的信息,该信息用以证明消费者意思表示(同意)的客体。

(三)欧盟电子签名和认证立法情况

随着电子商务的发展,为了在欧洲的层面上制定一个统一的电子签名法律框架,克服各国对互联网市场规制出现的互不协调局面,并与各国的行动保持同步,欧盟委员会于1999年12月13日制定了《关于建立电子签名共同法律框架的指令》(以下简称《指令》)。其主要目标是:①促进欧盟各国国内电子签名市场发展;②确保电子签名法律效力;③为相关的电子商务活动创造适宜的环境。

1.《指令》采取双重政策原则

一方面,确保电子签名认证服务市场自由开放,规定"成员国不得将认证服务业务置于预先批准的制度之下";另一方面,授权成员国"建立或维持旨在改善服务水平的资源特许制度"。《指令》提出一个涉及电子签名和"认证服务商"的法律框架。它依据交易的敏感度的不同,将电子签名依其安全水平的高低分为"基本电子签名"和"高级电子签名",前者适用于低安全水平的交易,后者适用于较高安全水平的交易。《指令》没有提出具体的技术导向,但偏向于采用电子签名。

2. 在法律承认方面

《指令》提出了电子签名的非歧视原则。但它要求"高级电子签名"必须满足国内法的形式条件,而且事实上只将数字签名视为效力等同于手写签名的电子签字方式。此外,《指令》规定电子签名作为证据不得因其为电子形式而被拒绝具有可强制执行力和可采证力。但这种承认仍然有限,因为所有关于合同或非合同义务的规定被排除在《指令》的范围之外,关于合同订立、效力的问题也必须符合国内法或欧盟法律所规定的条件。

(四)日本电子签名和认证立法情况

2000年,日本国会审议通过了《电子签名及认证业务的法律》及其与之相配套的《电子签名法的实施》《电子签名法有关指定调查机关的省令》和《基于商业登记的电子认证制度》《政府认证基磐》(公共密钥)等相关法律,并于2001年4月1日起开始生效。该法涉及电子签名的立法原则、宗旨,电子签名的种类与效力、认证机关的职能及其认定条件,承认外国认证机关颁发之电子证明书的效力问题,指定调查机构的标准,以及对电子签名犯罪的惩罚等,旨在规范日本电子商务活动并提供法律依据,为跨境电子商务交易的发展创造条件。

《电子签名及认证业务的法律》主要有八个特点:①对一般电子签名做出明确界定。②明确规定两种具有法律推定效力的电子签名:一是特定机关所谓的电子签名;二是具有推定效力的电子签名。③法律对认证业务做出明确规定。④对认证机关的职责和范围做出规范。⑤设置特定认证机关的标准和条件。⑥设立制定调查机关的标准。⑦引入电子公证制度,便于保存和证明原始的信息记录。⑧公证人电子认证的推定效力高于特定认证机构的电子证明书。

(五)新加坡电子签名和认证立法情况

新加坡《电子交易法》由新加坡电子商务政策委员会制定,于1998年7月

10 日正式实施,使新加坡成为世界上率先在电子商务领域进行立法的国家之一,该法主要涉及与电子商务有关的三个核心法律问题,即电子签名、电子合同的效力和网络服务提供商的责任问题。其中,电子签名是该法最核心的内容,引领了国际电子签名立法第三波趋势。

新加坡《电子交易法》第 2 条规定电子签名的定义,第 6 部分至第 10 部分都是关于数字签名的规定。

1.《电子交易法》对数据电文和电子签名明确予以承认

该法规定:①不得仅仅以某项信息采用数据电文形式为由而否定其法律效力、有效性与可执行性;②如果某一法律规定信息采用书面形式,那么数据电文满足了该项要求;③如果某一法律规定由一个人签字,那么电子签名满足了该项要求;④上述承认不适用于某些材料,如遗嘱、流通票据、所有权文据、不动产买卖合同。不过,部长有权对所列这些材料的名目进行调整,因而仍有一定的灵活性。

2. 明确电子签名的定义

该法规定电子签名,是指"以数字形式所附或在逻辑上与电子记录有联系的任何字母、文字、数字或其他符号,并且使用或采纳电子签名是为了证实或批准电子记录",并规定当事人可以通过协议对"电子签名"另作约定。

3. 明确网络服务提供商的责任

该法规定,除了某些例外情况,一个网络服务提供商根据任何法律规定都不会仅仅因为提供通道为第三者传输的数据电文资料承担民事责任或刑事责任。其立法根据在于应对网络服务提供商予以保护,因为在大多数情况下他无法控制通过其网络所传输资料的内容。

4. 规定了对认证机构的管理

为保证认证机构的可靠性,该法还对其规定了一定的标准和应对其进行一定的管理。首先,规定了所有认证机构都应履行某些义务,但不是都必须领取执照,而采取自愿领取执照的原则。其次,规定了持照经营的认证机构的责任问题,如果文件上的电子签名是错误的或者伪造的,但持照经营的认证机构在认证时遵循了本法的要求,则它不应对他人因信赖这些错误的或伪造的数字签名而遭受的任何损失负责。

5. 建议优先使用数字签名

该法暗示性地强烈建议使用者应当优先使用数字签名,因此数字签名相比其他形式的电子签名更可靠、更安全。一方面,在法庭上,数字签名比其他形式的电子签名更易被法官采信;另一方面,虽然新加坡允许使用所有形式的电子签名,但立法对认证机构的许可和管理其他电子签名规定了详细综合的原则,认证机构负有确认数字签名中电子信息真实性和完整性的责任,这会促使当事人使用数字签名。

二、国内立法及实践

(一)立法状况

中国的电子认证制度及电子签名法与其他先进国家相比,起步比较晚,发展相对落后,仅处于起步阶段。随着科学技术的不断发展,在商务交易中,电子商务、电子交易等具有比传统商务更便捷、高效、覆盖面广、交易费用低廉等明显优势,更能适应信息时代和全球一体化的需要。但电子商务带来前所未有的贸易方式,却遇到了传统法律、法规的阻碍,因此,产生了一系列迫切需要解决的法律问题,如书面形式问题、签名问题、原件和保存问题等。为了解决这些问题,我国在相关立法中做出了规定,目前我国电子签名的相关规定有以下内容。

1.《中华人民共和国合同法》

从法律的角度确认了通过电子签名订立的合同的合法性。第10条:当事人订立合同,有书面形式、口头形式和其他形式。第11条:书面形式是指合同书、信件和数据电文包括电报、电传、传真、电子数据交换和电子邮件等可以有形地表现所载内容的形式。第33条:当事人采用信件、数据电文等形式订立合同的,可以在合同成立之前要求签订确认书。签订确认书时合同成立。

2.《中华人民共和国电子签名法》

《中华人民共和国电子签名法》(以下简称《电子签名法》)是我国首部"信息化法律",是我国实现电子文件管理法制化的基本依据和法律保障,对电子商务、电子政务的发展起到了巨大的促进作用,同时有利于推动国民经济和社会信息化发展。全文约4500字,共5章36条,分为总则、数据电文、电子签名与认证、法律责任、附则。其中,"总则"对电子签名法的立法目的、适用范围和电子签章、数据电文的概念做出了明确定义,给予了消费者选择使用或不使用电子签名的权利;"数据电文"主要规定数据电文的书面形式效力、原件效力、保存要求、证据效力等;"电子签名与认证"明确了安全电子签名的效力、条件,第三方认证机构的设立条件,行为规范和管理机关。该法重点解决了以下问题:确立了电子签名的法律效力;规范了电子签名行为;明确了认证机构的法律地位及认证程序;规定了电子签名的安全保障措施;明确了电子认证服务行政许可的实施机关。

3.《电子认证服务管理办法》

《电子认证服务管理办法》于 2015 年由工信部修订,主要规定了电子认证服务提供机构的成立条件,以及进行电子认证服务的程序和应该履行的义务,明确了电子认证服务是为电子签名相关各方提供真实性、可靠性验证的公众服务活动。电子认证服务机构应当保证电子签名认证证书内容在有效期内完整、准确,保证电子签名依赖方能够证实或者了解电子签名认证证书所载内容及其他有关事项并妥善保存与电子认证服务相关的信息。

其中,《电子签名法》是我国于 2004 年 8 月 28 日第十届全国人民代表大会常务委员会第十一次会议通过的,自 2005 年 4 月 1 日起正式施行,并根据 2015 年 4 月 24 日第十二届全国人民代表大会常务委员会第十四次会议《关于修改〈中华人民共和国电力法〉等六部法律的决定》进行了修正。

该法共计 5 章 36 条,通过确立电子签名的法律效力、规范电子签名行为、维护有关各方合法权益,在法律制度上保障了电子交易安全。它是我国信息化领域的首部法律,为我国电子商务发展提供了法律保障,同时也为电子认证服务业、电子商务安全认证体系和网络信任体系的建立奠定了基础。该法不仅顺应了经济全球化和信息全球化的时代潮流,也符合我国信息化战略的发展要求。

《电子签名法》明确和规范了以下几方面问题。

一是明确了电子签名的法律效力。《电子签名法》明确规定,"民事活动中的合同或者其他文件、单证等文书,当事人可以约定使用或者不使用电子签名、数据电文。当事人约定使用电子签名、数据电文的文书,不得仅因为其采用电子签名、数据电文的形式而否定其法律效力"。这样,电子签名便具有与手写签字或者盖章同等的法律效力;同时承认电子文件与书面文书具有同等效力,从而使现行的民商事法律适用于电子文件。

二是明确了电子签名所需要的技术和法理条件。电子签名必须同时符合

"电子签名制作数据用于电子签名时,属于电子签名人专有""签署时电子签名制作数据仅由电子签名人控制""签署后对电子签名的任何改动能够被发现""签署后对数据电文内容和形式的任何改动能够被发现"等若干条件,才能被视为可靠的电子签名。这一条款为确保电子签名安全、准确以及防范欺诈行为提供了严格的、具有可操作性的法律规定。

三是对电子商务认证机构和行为做了规定。电子商务需要第三方对电子签名人的身份进行认证,这个第三方称为电子认证服务机构。认证机构的可靠与否对电子签名的真实性和电子交易的安全性起着关键作用。考虑到目前中国社会信用体系还不健全,为了确保电子交易的安全可靠,《电子签名法》规定了认证服务市场准入制度,明确了由政府对认证机构实行资质管理的制度,并对电子认证服务机构提出了严格的人员、资金、技术、设备等方面的条件限制。

四是明确了电子商务交易双方和认证机构在电子签名活动中的权利、义务和行为规范。例如,对电子合同中数据电文的发送和接收时间、数据电文的发送和接收地点、电子签名人向电子认证服务提供者申请电子签名认证证书的程序、电子认证服务提供者提供服务的原则、电子签名人或认证机构各自应承担的法律义务与责任等问题,都做出了明确的规定。

五是明确了"技术中立"原则。这次立法借鉴了联合国《电子签名示范法》的"技术中立"原则,只规定了作为可靠的电子签名应该达到的标准,没有限定使用哪一种技术来达到这一标准,这为以后新技术的采用留下了空间。

六是增加了有关政府监管部门法律责任的条款。"负责电子认证服务业监督管理工作的部门的工作人员,不依法履行行政许可、监督管理职责的,依法给予行政处分;构成犯罪的,依法追究刑事责任。"这次立法明确指出追究不依法进行监督管理人员的法律责任,这是国外电子商务立法中所没有的,也是针对目前我国市场信用制度落后、电子商务大环境不完善需要特别加强监管的国情而做出的规定。

(二)产业发展

《电子签名法》自 2005 年实施以来,认证机构的数量不断增加,目前有 37 家,分布在全国 23 个省、直辖市和自治区。电子认证服务业产业规模达到 129.9 亿元,同比增长 38%。其中软硬件市场规模为 98 亿元,CA 机构营业额为 30 亿元,电子签名产品和服务市场规模为 1.9 亿元。

我国有效数字认证总数超过 2.38 亿元,整体的需求数量是比较稳定的。从验证层面来看,大约有 1531 万张数字证书应用于电子政务领域,金融领域 6581 张,主要是网上银行为主。电子商务领域有效证书 176 万张,其中企业内部管理占一半,企业经营占 41%。

从电子认证的行业趋势来看,电子认证服务业已经进入了稳定发展的阶段。行业发展环境将得到持续改善,现在国家正在逐步推行行政体制改革,转变政府职能,推动国有企业改革,激发企业的活力,这对行业发展很有利。市场需求将不断增大,商用密码在互联网上应用对行业发展、拓宽行业需求有很大好处。在电子商务领域应用中,电子签名应用增加,电子合同、电子签章服务逐渐成熟,都使这个行业需求不断增大。目前,电子签名标准已经制定,电子签名司法效力将得到广泛认可。

三、国内外对比

我国《电子签名法》充分借鉴了联合国《电子商务示范法》以及美欧等西方国家的有关立法。但如果从一部全面的电子商务基本法的角度衡量,与国外的相关立法比较(如美国的《国际与国内电子签名法》、新加坡的《电子交易法》等),目前我国的立法存在以下问题。

(一)规定的电子签名的外延过窄

贸法会《电子签字示范法》与各国电子商务法一般规定了"所含""所附""逻辑相连"三种形态的电子签名,我国《电子签名法》第 2 条第 1 款只规定了前两种形态的电子签名,却删除了逻辑相连式电子签名。逻辑相连式电子签名大量存在于网络交易中,在某些场合对其的使用甚至是不可避免的,将逻辑相连式电子签名以及相应的数据电文归于无效,诸多网络交易将难以为继。

(二)电子签名的效力过度依赖当事人意思自治

按照《电子签名法》第 3 条第 2 款的规定,当事人约定允许使用的,电子签名、数据电文的效力将被认可;当事人约定不得使用的,电子签名、数据电文的效力将不被认可。在网络交易实践中,当事人就电子签名、数据电文的使用通常不置可否,不做任何约定,在这种情形下,对该条款进行解释可以得出的结论是,非经当事人约定的,不得使用电子签名、数据电文,否则无效。这将导致大量事实上应当有效的电子签名、数据电文在法律上被认定为无效。

(三)认证法律制度规则不健全

《电子签名法》是我国电子商务领域的第一部法律,因而很难涵盖电子商务的全部法律范畴,对认证机构法律责任的规定不够明确,技术更新等问题也会影响电子签名法律效力的认定。这些问题导致司法实践中存在很大隐患,给电子签名的认定带来困难。

(四)很多问题尚待细化

例如,管辖权问题,在电子交易过程中出现纠纷,应该由交易甲方、乙方还是认证服务机构所在地的法院来裁判,尚无定论。还有隐私保护问题,对于如何保护消费者权益,并将其作为电子认证机构的法定义务,并未在法律中得到具体体现。

第二节　数据本地化规制

一、个人数据的概念

(一)可识别个人数据

欧盟颁布的《关于涉及个人数据处理的个人保护及此类数据自由流动的指令》第 2 条定义的个人数据是指与身份已被识别或可被识别的某个自然人相关的任何信息。新加坡《个人数据保护法》规定:个人数据是指能借以直接识别出具体个人,或借以与已有或可获得的其他信息结合后能够识别出具体个人的数据,无论真实与否。2018 年 5 月 25 日,欧盟颁布的《一般数据保护条例》(General Data Protection Regulation,GDPR)第 4 条规定:个人数据是指与任何已识别或可识别的信息主体有关的信息,尤其是指如姓名、身份证件号码、地理定位、网络身份标识或者一项或多项该自然人所特有的心理性、生理性、文化性、社会性、经济性的身份标识。

"相关"表明特定数据与特定个人之间具有的联系因素,可以从数据的内容、目的或结果三方面进行分析。数据的公共使用并不能否定其作为个人数据的法律性质,当然,无论是法定的还是数据主体本人授权的个人数据公开都不应剥夺数据主体的相应权利。

"识别"是指他人对数据与数据主体之间的联系因素的判断。世界经济合作与发展组织于1980年发布的《隐私保护和个人数据跨境流动指南》对个人数据采用的是"识别性"定义,帮助识别的因素可能是直接的,也可能是间接的,直接识别即所采集的数据能够直接反映数据主体的直观信息;间接识别则是采集的数据无法直接确认主体信息,但能借助其他数据分析缩小识别范围,并最终断定数据主体。

确立具体个人信息权利是预防个人信息滥用及减少人格利益损害的前提条件。GDPR规定了数据主体的访问权、数据可携权、修改权、限制处理权、被遗忘权等,赋予自然人控制其个人数据的处理、变更、流转等环节的权利。其中的数据可携权在一定程度上类似于所有权,允许自然人下载其提交的个人数据,也允许自然人将其个人数据从一个网络服务者自由流转至另一个网络服务者。

(二)可识别个人信息

APEC颁布的《隐私保护框架》第9条将个人信息定义为"与已识别或可识别的自然人有关的任何信息"。加拿大颁布的《个人信息保护与电子文档法案》第2条将个人信息定义为"与确定和识别个人身份有关的信息"。中国最高人民法院于2014年10月颁布的《关于审理利用信息网络侵害人身权益民事纠纷案件适用法律若干问题的规定》初步明确了个人信息的保护范围,把自然人基因信息、病历资料、健康检查资料、犯罪记录、家庭住址、私人活动等个人隐私之外的相对中性的信息界定为个人信息。《中华人民共和国网络安全法》(以下简称《网络安全法》)第76条规定:"个人信息,是指以电子或者其他方式记录的能够单独或与其他信息结合识别自然人身份的各种信息,包括但不限于自然人的姓名、出生日期、身份证件号码、个人生物识别信息、住址、电话号码等。"《中华人民共和国民法典》(以下简称《民法典》)第1034条规定:"个人信息是以电子或者其他方式记录的能够单独或者与其他信息结合识别特定自然人的各种信息，包括自然人的姓名、出生日期、身份证件号码、生物识别信息、住址、电话号码、电子邮箱、健康信息、行踪信息等。"可见，上述定义的内容基本相似，以信息能否"识别"自然人的身份作为认定属于个人信息与否的关键考量因素。

综上所述，"个人信息"法律概念的核心在于"能够单独或与其他信息相结合从而识别自然人个人身份"。可识别个人信息可以归纳为能够单独或与其他信息结合识别自然人个人身份的各种信息，包括自然人的姓名、出生日期、住址、身份证件号码、电话号码、生物识别信息及其他具有识别功能的信息。而需要与其他信息结合方可识别自然人身份的个人信息称为"间接个人信息"。

数据与信息虽然在语境中很接近，但二者在基本属性上是可区分的。数据被认为是一系列机器处理过程中可被识别的、经过组织的信号，而信息是更高一级的、可被识别的、与自然人相关的内容。但在网络信息科技迅速发展的环境下，数据越来越趋于完全的网络化和电子化，且工作及生活信息大多需要通过计算机网络进行存储、处理和传输，所以信息也大量转化为数据。信息的数据化使得这两个概念的边界不断相互交融，数据不断扩大自身的含义外延，故在很多语境下，仅将数据视为包含于信息范畴之内的概念。按照国际标准化组织的定义，数据是"信息的形式化方式体现，该体现背后的含义可被再展示出来，并且这种体现适于沟通、展示含义或处理"。因而，作为信息存储、传输和处理的方式，数据只是信息的外在表现而不涉及其内容，是按照一定规则排列组成的人工符号和通过机器人为读取的意义；信息则是人们对数据的解读。可见，数据和信息构成了同一事物的不同侧面，前者是形式化的符号本身，后者是符号的社会意义和语言意义。数据和信息的二分产生不同的法律权利和制度安排，两者在权利主体、权利标的、权利性质和权利内容上均有差异。

二、个人数据的法律性质

信息受保护是基于财产性因素和人格性因素。法律可以基于人格性因素保护与自然人相关的个人信息，也保护专利、著作权等知识产权信息，对于某些不属于知识产权的财产性信息，法律基于其财产性因素也予以保护，如无创造性的数据库和遗传资源等。关于个人数据的法律属性，存在"基本人权说""人格权客体说""隐私权客体说""财产权客体说"等不同学说。

（一）隐私权

较早的观点认为,个人数据的保护主要是对数据主体隐私权的保护。某些数据属于数据主体个人或家庭的隐私,对此类个人数据的收集、处理可能影响数据主体私人生活的秘密和安宁;某些简单的个人数据虽然不具有隐私信息的性质,但这些简单的个人数据经整合后就可能勾勒出数据主体的私人生活而侵犯个人隐私,故个人数据应受隐私权保护。《中华人民共和国民法总则》第一百一十条赋予了自然人保护其个人信息的权利,个人信息保护与隐私权保护因此相互区别,个人信息保护具有独立地位。个人信息与隐私确有交叉,某些个人敏感信息同时也是隐私权保护的客体,但隐私权制度和个人信息保护制度的差异主要体现在个人信息去个人化后的合理利用以及数据财产保护方面。

（二）个人信息自决权及数字化人格

OECD 于 1980 年通过的《关于隐私保护与个人数据跨境流动的指南》的备忘录指出,个人数据保护已不能用传统的保护隐私的方式,需要确认与隐私有关联的其他更复杂、更综合性的利益保护需求。美国学者认为,个人数据保护的范围已超出了传统隐私权保护,不仅保护"私人"生活,还包括对个人数据的控制。个人数据保护的基本目的是防止数据主体的隐私侵害、形象歪曲、经济利益损失,必须赋予数据主体控制和干预个人数据信息化处理的发生和发展的权利,如制止收集个人数据、修改不实数据、阻止对个人数据的深度分析等。数据主体在网络上留下个人数据,但又不允许他人未经许可保留或分析其个人数据,显然已超出了隐私保护的内涵。

2008 年 2 月,德国宪法法院对于秘密在线搜查公民的硬盘做出的决定表明,一个新的"要求信息技术体系具有保密性和公正性的权利"成为德国宪法中一般人格权的一部分。德国《联邦数据保护法》的目的在于保护个人的一般人格权不因控制、处理其个人数据而遭受侵害。这里的"一般人格权"并非一般的民事权利,是指受尊重的权利、言论不受侵犯的权利以及不容他人干预私生活各项隐私的权利,并不仅限于私生活意义上的"隐私"。

美国学者提出了"数字化人格"(digital personality)的新概念。数据行为在一定期间内可积累构成与实际人格类似的数字化人格,通过网络上汇集并共享个人数据可识别特定人的行为,即以交易数据为基础的个人数据形象为该个人的辨别表征。伴随着信息社会而来的是个人信息的收集和储存方式的电子化和智能化,个人信息处理使得处于不同地域、不同时空的个人信息迅速汇集,形成特定人的数字化人格。但涉及数字化人格的个人数据的收集通常未经数据主体的授权或许可,需要考虑是否应该赋予数据主体对其数字化人格如同一般人格一样的控制权。

个人信息自决权赋予信息主体对其个人信息储存、收集、控制及处理的决定权。个人信息自主控制模式被法学理论抽象为个人信息自决权,中国学者称为个人信息控制权,体现为信息主体对个人信息的修改权、收集同意权、披露权以及使用权等一系列权利。中国的个人信息立法应采取一般人格利益保护方式,隐私保护方式不适应于中国现有的法律制度。

(三)个人数据权

个人信息自决权关注数据处理与个人意志之间的关系,但将个人信息自决权理解为数据主体对其个人数据的绝对支配权,就夸大了权利的范围。个人信息自决权并没有赋予数据主体对其数据的绝对控制权或财产权,而是要求他人进行数据处理时能够尊重个人自主性,数据处理行为应受特定法令的规制。自然人可以决定能否收集其个人信息,可以就其个人信息要求他人予以删除或屏蔽,有权维护其个人信息的真实、完整和安全,但依据特定的法律规定,某些个人信息无须个人同意也可被主动收集或被动记录,或者某些"同意"可理解为只要收集者进行了提示、告知而个人未明确反对即可。因为识别个人是社会交往和运营的基础,识别的特定个人的信息并非绝对属于个人所有,个人信息保护旨在保护个人在其个人信息上蕴含的利益,但不可能赋予个人对其个人信息绝对排他的支配控制。为保持个人利益保护与个人信息利用之间的利益平衡,既要考虑信息主体的人格尊严、对其个人数据的支配权和经济利益,也要考虑信息使用者的社会利益。

个人数据保护的核心是个人权利,数据主体享有拒绝权,即数据主体有权拒绝他人对某些个人数据的处理;享有知情权,即数据主体有权获取与其个人数据处理相关的信息,在他人占有其个人数据时有权要求向其公开;享有修改权,即数据主体有权要求修改、增删数据,保证数据记录真实完整;享有删除权,即数据主体在个人数据被获得或记录的目的不再必要或相关时,有权要求删除;享有质询评价权,即当对个人的评价完全基于个人数据处理的结果时,可以对评价进行质询。

(四)个人数据人格权

个人数据人格权是以个人数据使用为前提的权利,个人数据保护以规范个人数据的使用为目的,规定的内容是如何使用个人数据;隐私权以保护个人隐私不被侵犯为基本目的,规定的内容是如何避免隐私权受到侵害,其设计并非是为了处理个人数据的商业使用。

个人数据人格权的内容超过隐私权的范围,保护隐私的措施不能扩展到所有个人数据;反之,个人数据保护措施也不都适用于隐私保护。将个人数据作为人格权进行保护的支撑理论是"可识别性",通过识别个人数据最终锁定某个特定的人,数据主体的姓名权、肖像权、名誉权都面临被侵犯的可能。不管是原理、构成还是运作等各方面,个人数据保护法为个人新创设的权利都与既有的各种民事权利不同,这是一种与隐私权并列的新型民事权利。

个人数据人格权是一种新型的人格权,其实质并非对个人数据的控制,而是对个人数据"信息化处理"的控制。因此,个人数据确有不可否认的人格利益,应单独规定为个人信息权,将其作为一种具体人格权予以保护。

(五)个人数据财产权

个人信息包含商业化利益,个人数据可以作为一种资源并能创造经济价值。当数据成为信息社会的重要财产形式,就不应将其排除在财产之外,而应该承认个人信息的商业价值和财产利益独立于人格利益和人格权。如果数据主体同意或符合法定条件,法律不应禁止数据处理者挖掘、利用个人数据的经济价值。对个人数据的处理是个人数据具有经济价值的前提,个人数据财产权限制于对个人数据的处理,数据主体有权控制个人数据的信息化,并在接受经济利益的前提下允许转让或分享这种控制,个人数据财产权是一种对个人数据信息化处理的新型财产权。

个人信息虽然具有财产利益及稀缺性,但不能因此认为个人信息是所有权的客体。个人数据财产权不像财产所有权那样绝对,并不具有独占性和排他性,信息主体可以许可多个他人收集、处理其个人信息,合法收集、处理个人信息的多个他人也可同时使用内容相同的个人信息,二者之间并不绝对排斥,这种特性较类似于知识产权的相对性。种类不同的个人数据也具有不同的财产属性,有些数据属于公有信息,有些数据构成商业秘密的一部分,也可能构成数据库的一部分,但不管个人数据属于谁,其财产权都要受到数据主体对数据处理的财产权的限制。个人信息主体作为自然人通常难以从自己的个人信息中直接实现商业利益,只有对大量的个人信息(数据)收集处理后才可能实现商业化利益,故,个人信息衍生出来的经济利益不直接归属于个人而为国家或社会所享有。

(六)个人数据人格权与个人数据财产权并存

个人数据的人格权性质可以确保个人的基本人格和尊严,而其财产权性质则可使其通过市场进行有效配置。个人数据的人格权部分不能转让和继承,终于个人死亡;个人数据的财产权部分可以转让和继承,有一个法定的期限。可分别通过人格权法和财产权法来保护个人数据权利,人格权中可规定一项与隐私权、名誉权等权利并列的"个人数据人格权",在财产权中也可增加一项既不是所有权也不是知识产权的独立的"个人数据财产权"。

个人数据具有财产价值,由信息主体决定是否将其个人数据投入交易中;个人数据以财产利益为内容时,能够像商品那样进行交易,具有财产属性,将其归入个人的财产权利进行保护。个人数据涉及隐私和名誉时可作为一项人格权进行保护。因此,当需要维护信息主体的人格利益时应给予其人格权保护,当需要维护信息主体对其个人信息的商业价值时应给予其一种新型财产支配权保护,个人数据具有人格权和财产权的双重法律性质。

(七)不构成一项独立的民事权利

欧洲委员会对个人数据的保护定位于个人尊严和保护基本人权、隐私及自由。相较于欧盟偏好使用"个人数据"一词,美国则通常使用"隐私"一词。美国法律中的隐私权实际上承载着保障私生活领域内个人尊严、人格自由的使命,具有人权法或宪法的渊源,因此,应从人权或基本权利保护的意义上规制个人数据处理行为,从人权保护的角度理解个人数据保护的目的和宗旨。

欧盟提出"个人数据保护权"受宪法保护,是与隐私权并列的基本人权,虽然将其抽象为个人数据保护权,但其并不是一种私权,未赋予信息主体对个人信息享有某种权利。美国认为,个人数据保护权是宪法所保护的广义隐私权的一种,既是宪法权利,也是民法权利。

欧盟法律并没有将数据主体的同意作为个人数据处理合法性的唯一条件,只是条件之一。欧盟成员国对于个人数据权利的保护并不是通过赋予个人以私权及相应的司法救济来实现。欧盟于 2018 年实施的 GDPR 采取"基本原则和具体行为规范"的立法例,其具体行为规范未赋予数据主体事先许可处理其个人数据的权利,个人并未取得可以排他控制其个人信息的权利。GDPR 设立了"行业行为准则及法律强制性规范"与"数据控制者自律及政府数据监管机构监督管理"的双重管理体系,规定了对数据保护的系统保护和默认保护机制、数据控制者和数据处理者在个人数据处理中的安全保障义务、数据处理对个人数据保护影响的评估义务、事先征询数据监管机构的意见、数据保护认证等制度,通过一系列技术和制度方面的保障措施实现个人数据的保护。

OECD 的基本原则只要求"在情形允许时应经数据主体知晓或同意",这意味着对个人数据的处理并不是在任何情形下都必然需要事先征询并获得数据主体的同意。这些规则主要强调对个人数据处理的透明公开,强调控制者的各种义务的履行,确保个人知晓其数据被处理的情形并在必要时予以制止;同时,强调政府监管部门对数据控制和处理行为的监督管理义务,确保对个人数据的保护。该指南在其宗旨中指出,应降低各成员国因数据保护而遭受经济损失的风险,并确立了尽可能消除数据跨境流动的限制因素的八项原则,即限制收集原则、数据质量原则、目的明确原则、限制使用原则、安全保障原则、公开原则、个人参与原则、问责原则,这构成了个人数据和隐私保护的最低标准,对于各个国家、国际组织的数据跨境流动规则立法具有重要的指导作用。

个人数据具有公共性和社会性,不仅涉及个人利益,也涉及他人和社会利益。忽视个人数据的社会性及公共性就不能全面反映个人数据的实质,对个人数据的保护应从个人控制走向社会控制。如果认为对个人数据的使用须经个人同意,将个人数据保护理解为私法上的个人数据决定权,就与个人数据的法律属性相矛盾。我国的相关法规基本上采纳了国际社会有关个人数据保护的基本原则和规范,但在理解上存在偏差,有权利化趋势,将数据主体的同意作为个人数据处理或利用的前提条件。

数据权一般被认为是数据控制者对数据占有、处理、处分的财产权,而非人格权,数据权与个人信息权在主体、客体、性质、内容上均有所区别。数据权的主体为数据控制者,并不限于自然人;数据权的客体必须排除个人信息,只能是不可识别个人的电子数据;数据权体现为财产权的占有、使用、收益、处分等权能,不具有个人信息权的知情权、更正权、删除权、封锁权等权能。信息控制者只有在对个人信息进行匿名化处理后才能享有数据权;信息控制者对于合法掌握的可识别信息虽有财产利益但不享有财产权,可识别信息保留有信息主体的人格权性质,适用个人信息保护规则,无法成为控制者的财产,控制者只能行使《中华人民共和国反不正当竞争法》中的请求权;当数据权中的匿名信息通过再识别手段被恢复识别可能性时,这些数据就成为个人信息,数据控制者无法再主张财产权。

三、数据本地化的定义及概述

在数字化时代,数据成为数字经济的关键要素,但出于对本国公民隐私、国家信息的保护,免于他国监控和便于执法的目的,许多国家推行数据本地化政策。数据本地化是指国家政府要求对于在其境内收集的个人数据必须在其国境内存储和处理,禁止将个人数据向境外自由流转。数据本地化阻碍了数据的跨境流动,成为数字贸易的壁垒,给服务贸易全球化带来了消极的影响,同时限制了个人及商业实体对数据流动的需求。

数据本地化包括要求在境内存留信息副本、跨境传输前须征得数据主体同意、对数据输出征税、禁止向境外发送个人信息等。数据本地化措施主要分为本地存储、有条件的跨境传输、本地加工和禁止传输。本地存储允许在国外处理数据,但某些数据的副本必须留在国内;有条件的跨境传输要求数据转移到国外之前须符合本国规定的特定条件;本土加工和禁止传输是最严格的数据限制措施,要求跨国公司必须使用本地服务器进行数据处理,禁止传输甚至不允许数据副本流转出境。

数据本地化措施属于政府采取的规制手段,目前面临着诸多争议,主要集中在以下三个方面。

（一）数据本地化措施的目的

数据本地化政策主要是为了保障国家安全和个人隐私、便利国内行政和司法、促进数据产业发展。欧盟 1995 年通过的《个人数据保护指令》及 2018 年通过的《一般数据保护条例》基本上以数据主体的隐私和安全保护为其核心目标，各国对于数据主体的隐私和安全保护这一目的存在共识，但对于为保护国家安全、反对外国监听、促进经济发展或便利法律执行等而采取数据本地化措施的正当性，则存在争议。

（二）数据本地化措施的必要性

必要性是指在类似情况下是否可以以其他替代措施达成目标。数据本地化是为了维护个人数据的安全，但数据本地化会对数据的跨境传输造成影响。信息在互联网上的传输路径是以自治、自动的方式，决定传输路径的基本考量是从效率出发，互联网的设计并没有考虑跨境因素，但根据数据本地化要求，网络服务提供者不得不在数个国家或地区都建立本地通信基础设施，这大大增加了网络服务提供者的成本，也相应地减损了消费者的福利。

（三）数据本地化措施的比例性

数据本地化措施已被多数国家采纳，但对于具体规则的设计仍存在诸多争议。数字经济本质上无地域限制，但数据本地化人为地限制了数据的跨境流动，因此，数据本地化措施即使符合必要性标准，也可能因为负面效应过大而得不偿失，问题的关键在于数据本地化措施如何与跨境自由流动的数字经济相互协调。不同国家基于不同的利益考量会采取不一样的规制措施。

四、我国数据本地化分级管理制度的完善

作为大数据时代基础性的战略资源，数据是各国互联网科技发展的必争资源。数据的收集和处理对于互联网企业是必不可少的，互联网公司对于数据的需求推动了数据的流动，数据流动不仅限于国内，也包括跨越国境的流转。但数据的跨境流动对个人隐私及国家数据主权存在潜在威胁。

自 2011 年以来，我国颁行了一系列关于数据本地化的规定，其效力层级不

断提升。中国人民银行于 2011 年颁布的《关于银行业金融机构做好个人金融信息保护工作的通知》规定在中国境内收集的个人金融信息的储存、处理和分析须在境内进行；国家卫生计生委于 2014 年发布的《人口健康信息管理办法（试行）》禁止将人口健康信息储存在境外的服务器中；2013 年施行的《信息安全技术、公共及商用服务信息系统个人信息保护指南》第 5 条规定，未经个人信息主体的明示同意或法律、法规明确规定，或未经主管部门同意，个人信息管理者不得将个人信息转移给境外个人信息获得者；于 2016 年颁布的《网络安全法》规定关键信息基础设施的运营者必须将在我国境内收集和产生的个人信息和重要数据储存在境内。这些规定确定了我国基本的数据本地化制度。但在我国数据本地化实施过程中，如何避免过于严苛的数据本地化规定可能对我国数字经济发展和信息技术创新造成阻碍，如何在促进数据流通和跨境数字贸易发展的前提下对个人重要数据和国家安全提供保护，如何将数据分级与国际接轨从而消除数字贸易壁垒……这些都对数据分级管理制度的完善提出了必然要求。

（一）数据本地化分级管理制度概述

数据本地化是指政府要求对在其境内产生、收集的数据的存储、处理和使用必须在境内进行，不允许将数据向境外自由转移的一种措施，是对数据跨境流动的一种规制和限制。

数据本地化的限制程度、限制方式可以视实际情况调整确定。例如，可以对一国境内所产生的全部信息进行本地化，也可以仅对关键数据和个人敏感数据进行本地化。数据本地化措施包括数据中心本地化和数据本地存储等多种方式。数据中心本地化是指企业必须在本国境内设立数据中心才能在该国境内提供数字服务；数据本地存储则要求特定数据的存储或处理在本国境内进行。

《网络安全法》第 21 条首次提出了数据分级分类管理及保护概念，实行网络安全等级保护制度，要求网络运营者应当按照网络安全等级保护制度的要求对数据进行分类，对重要数据采取备份和加密措施。

(二)实施数据本地化分级管理制度的必要性

1. 数据本地化存储的必要性

(1)数据本地化存储有利于保护个人数据安全

个人数据的本质在于其能够单独或结合其他信息识别特定个人身份的属性,保护个人数据安全是在保护个人的基本权利不因个人数据的使用而受到侵害。在互联网时代,对个人数据的收集、处理和利用越来越普遍、越来越频繁。我国网络实名制的普及,使得个人数据更容易溯源到个人的基本身份信息,包括姓名、身份证件号码等,个人特征的识别性更强,侵害个人隐私权或人格权的危险性也更大。数据本地化措施要求企业在我国境内设立服务器,在个人隐私权或人格权受到侵害的情况下可以确保我国法院拥有管辖权,利于被侵权的主体在中国法院寻求救济,也便于数据的行政管理。

(2)数据本地化可保障核心关键数据不流失并维护国家信息安全及国家信息主权

关键信息和重要数据出境后处在其他国家的监控和监测下,势必对本国数据安全造成巨大的威胁。数据本地化是保护这些庞大的数据资源和关键信息的重要手段。数据主权是指数据的收集受其所在国的法律和治理结构的约束。信息技术先进的国家往往借助数据存储的虚拟性,获取他国的数据资源并凭借自身的技术优势进行数据开发利用,这严重损害了他国的数据安全和数据价值。

因此,数据主权已成为国家主权的新要素,把握住数据主权才能把握住本国数字经济发展的命脉和根基。

2. 限制数据本地化过度扩张的必要性

数据具有天然的流动属性,其所承载的信息价值也是在流动中得以实现的。随着大数据、云计算技术的迅速发展,数据跨境流动已成为国际数字贸易的基本要求。2016年,我国在杭州举办的G20峰会上发布了《二十国集团数字经济发展与合作倡议》,旨在推动数据自由流动,反对贸易壁垒和保护主义,支持国际数字经济贸易发展。2016年4月,在联合国贸易和发展会议上发布的《数据保护规制和国际数据流动:对贸易发展的意义》也指出,全球数据流动对于贸易、创新、竞争和消费者数据迁移越来越重要。过于严厉的数据本地化政策违背了数据流动的天然要求,导致负面作用的产生。数字贸易本质上的无地域限制特性与数据本地化对数据流动的人为限制应保持特定的平衡,避免数据本地化的过度扩张。

(1)数据本地化政策的强化并不利于本国数字经济的发展

过于严格的数据本地化政策实质上阻碍了本国数字贸易产业参与和融入全球产业链的发展。在大数据和云计算基础上产生的数字产业的全球性规模效益将惠及各国企业,有利于企业提高生产效益,积极参与全球供应链。过度的数据本地化政策会割裂与全球供应链的联系,导致本国企业参与全球数字贸易的机会减少,从而不利于其发展和创新。最终,严格的数据本地化政策将会降低国家的 GDP 增长。

(2)数据本地化形成的贸易壁垒阻碍了国际数字贸易自由化

数据跨境流动已经成为全球主要经济体之间商业贸易和通信不可或缺的环节,跨境数据和通信流量从 2008 年到 2013 年增长了 7 倍,其对 GDP 增长的影响已超过货物贸易,而数据本地化要求数据本地存留或在本地建立数据存储中心,这加重了跨国企业的负担,增加了其进入市场的难度。过于严格的数据本地化政策实际上成了新的数字贸易壁垒,阻碍了全球数字贸易自由化,导致国际间的数字贸易成本上升。

因此,应对不同类型的数据采取分级分类管理,对不同的数据加以区分管控。对涉及国家安全、公共利益及经济安全的重要数据禁止跨境流动,此类数据要严格收集权限,必须在本国境内的数据中心存储及处理;澳大利亚及韩国都要求安全等级较高的政府数据,以及涉及经济、科技的重要数据必须存储在境内,禁止流出境外。政府或公共部门的一般数据、产业非限制性技术数据等可有条件地跨境流动,这类数据经过评估并取得相应的许可后可以流转出境。非敏感个人数据或非敏感商业数据可自由流动到具有一定数据保护水平或符合安全认证要求的国家和地区。

(三)美国、欧盟及印度的数据分级管理制度分析

我国的数据本地化实施时间较短,数据分级管理的相关定义和界限还不明确,数据本地化的分级管理制度亟待建立。在国际上,目前形成了分别由美国和欧盟所主导的在规制方式和追求目标都存在分歧的两种主要数据分级保护

规制方式。数据本地化分级管理制度的本质是寻找数据自由流动和数据保护之间的平衡点,通过分析美国和欧盟对此平衡点的不同选择及其背后动因,考虑可借鉴的相关规章制度,有助于我国根据实践效果确立最合适的数据本地化分级管理制度。

1. 美国:宽松的数据分级管理政策及其原因

美国的数据分级管理制度的核心理念是维护美国在全球数字贸易体系中的主导地位。在确定数据自由流动和数据保护之间的数据分级规制平衡点时,美国选择了促进数据自由流动以及全球数字贸易自由化,实行宽松的分级管理制度,扩大可跨境自由流动的普通数据的范围。因此,美国并没有制定一部专门的数据分级规制法律,而仅针对某些特定行业进行了分散式规定,明确某些特殊的敏感数据,给可自由流动的普通数据留下了很大的空间;同时,削弱政府在数据规制中的作用,将数据的流动和保护让与市场和行业自律机制。在监管方式上,美国实行事后监管而不采取全程监管,降低了政府对数据跨境流动的干涉,降低了数据流动的成本和时间,促进了数据的跨境自由流动。

美国的数据分级管理规则也对某些敏感数据予以特别保护,但其对敏感数据的界定采取了选入制度,即通过法律规定,明确界定何为敏感数据。对个人健康信息、金融、征信等特定领域的数据的跨境流动采取了较严格的规制措施,例如美国颁布的《健康保险携带和责任法案》规制了对病人隐私的信息保护,《出口管理条例》对教育、个人健康信息、儿童保护等规定了严格的数据保护要求,《格雷姆—里奇—比利雷法案》规定了对于金融数据的特别保护。

为了扩大较低保护等级的普通数据的跨境自由流动范围,美国积极参与区域性国际组织论坛,宣扬普通数据自由流动对于经济发展的益处,要求其贸易伙伴参与到数据流动自由化的体系中。美国主导了很多国际规则的制定,如美国与欧盟之间的安全港协议、数据隐私盾协议等,美国主导的《跨太平洋伙伴关系协定》中制定了"商业信息跨境自由传输"条款;美国与巴林、新加坡、摩洛哥、智利、韩国、巴拿马、哥伦比亚、澳大利亚等国签订的自由贸易协定中的跨境服务、电子商务、知识产权、信息通信技术合作等章均规定了数字贸易自由化的原则,如《美国—韩国自由贸易协定》的跨境服务章禁止新设数字贸易壁垒,特别是禁止数据本地化要求;美国还通过北美领袖峰会议题,加速推动区域内数据流动的自由发展。

美国的这种严格保护范围窄而扩大可自由流动数据范围的数据分级管理规则有其内在动因。首先,美国国内的行业自律规则不断发展,企业有较高的自律意识,这是政府能够减少行政管制的基础;其次,美国拥有最尖端的信息技术水平,数据自由流动有利于美国借助数据的虚拟性特征获得更大的数据市场,并凭借自身的技术优势进行数据价值的开发利用。

2. 欧盟:较为严格的数据分级管理政策及其原因

与美国侧重于保障数据自由流动的理念不同,欧盟对数字贸易自由化持较为谨慎的态度,欧盟成员国更侧重于隐私权的保护,对于数据分级管理的要求也较为严格。

欧盟于 1995 年颁布的《个人数据保护指令》确定了充分性保护原则,规定只有当第三国的数据保护水平达到充分性保护水平时,才允许信息流动到第三国;充分性保护水平的评估包括第三国的信息立法完善程度、执法水平等,这种评估方式十分严格,流程非常复杂,只有少数国家能够通过这种评估。由于通过评估的难度过高,对于不能通过评估的国家,欧盟采取标准合同条款的方式设立数据保护的格式条款,增加了数据跨境转移的情形。

欧盟成员国出于对数据安全的担忧,强调对于个人数据的保护,较为重视数据本地化,以法国、德国为代表的国家都出台了相关的数据本地化法律,并在本地建立了数据存储服务器。在这种严格的保护规则下,敏感数据与普通数据的界限被不断弱化,各种数据被统一标准的严格本地化管理。

虽然欧盟于 2018 年颁布的《一般数据保护条例》在一定程度上削弱了数据流通壁垒,但相较于美国所倡导的数据自由流动,仍然显得非常严苛。《一般数据保护条例》明确禁止用许可的方式管理数据跨境流动,简化了数据流通的传输机制;增加了"数据保护专员制度",当数据处理由公共机构等实施时,数据控制者和数据处理者必须指定一名具备专业素养、充足资源和充分独立性的数据保护专员,负责监督、建议并与监管机构进行协作。欧盟与加拿大签订的《综合经济贸易协定》就其"中心产品分类目录"第 84 项下的计算机及相关服务做出了自由化承诺的安排,但该协定针对电子商务中的信任和隐私问题设立了专门条款,要求缔约方采取或维持法律或行政措施,保护电子商务参与者的个人信息。

欧盟之所以采用较为严格的数据保护方式,是因为欧盟将个人数据视为人权的一部分,个人数据是人权的延伸,对个人数据的侵犯会直接损害人权,因此要求政府以强制性措施对个人数据予以保护。除了注重隐私保护的传统以外,严格的数据保护还体现了欧盟对于本国数字产业的保护,面对美国强大的数据发掘和利用水平,采取严格的数据跨境流动管理制度更有利于保护本国的市场。

欧盟的数据本地化分级管理虽然有其合理性,但对于数据跨境流动的过高限制也使得该制度在事实上构成了数字贸易壁垒,阻碍了跨境数字贸易的发展。

3. 印度:严格的数据分级管理政策及其原因

印度颁布的《个人数据保护法(草案)》将个人数据分为一般个人数据、敏感个人数据和关键个人数据。敏感个人数据包括密码、健康数据、基因数据、生物识别数据、性取向、财务数据、宗教或政治信仰等。关键个人数据则待印度政府另行确定公布。

印度规定了广泛的数据本地化要求,但并不是对所有类型的数据实施同一种规制方式,印度立法区分不同的数据类型,施行数据的分级分类管控。《个人数据保护法(草案)》规定,对于其处理的一般个人数据和敏感个人数据,数据受托人应至少在印度境内的服务器或数据中心存储一份个人数据副本;印度中央政府可基于不同国家而豁免部分一般个人数据本地化要求,但关键个人数据只能在印度境内的服务器或数据中心处理。对于支付数据、物联网设备收集的数据、社交数据、搜索记录等也实施严格的数据本地化要求。《印度电子商务:国家政策框架草案》明确了跨国公司内部业务数据、云服务数据等五种无须遵守数据本地化规定的数据。印度实施严格而广泛的数据本地化分级分类管理,其核心目的在于实现数据资源的原始积累及数据价值的本地化,发展本地数据中心、建设数据基础设施。

(四)我国数据本地化分级管理现状分析

在我国,个人数据泄露使数据安全问题日益受到重视,人们的隐私意识逐渐增强,个人数据安全已成为社会普遍关注的问题。我国在数据本地化分级管理制度构建中需要考虑的是经济利益、国家安全及对公众隐私权的保护。

虽然我国的数据总量很大,信息产业链条相对完善,但核心数据的挖掘水平、关键数据的搜索水平以及数据利用开发水平与发达国家相比还较低,故,实施数据本地化措施有利于我国信息产业的持续发展。但数据本地化必然在一定程度上阻碍了本国企业的跨境数字贸易和对国际市场的拓展,增加企业合规成本。因此,为保证数字贸易一定的自由度,对数据本地化措施要进行合理限制。数据本地化的分级分类管理制度是按照级别和种类实施数据跨境流动监管,在保证数据可以自由流动以及我国互联网企业能够顺利进行跨境数字贸易的同时,保证我国的信息安全和国家安全。

1. 国内数据本地化分级管理的现状

我国于 2013 年实施的《征信业管理条例》第 24 条规定,征信机构对在中国境内采集的信息的整理、保存和加工,应当在中国境内进行;征信机构向境外组织或者个人提供信息,应当遵守法律、行政法规和国务院征信业监督管理部门的有关规定。

《网络安全法》第 37 条规定,"关键信息基础设施的运营者在中华人民共和国境内运营中收集和产生的个人信息和重要数据应当在境内存储。因业务需要,确需向境外提供的,应当按照国家网信部门会同国务院有关部门制定的办法进行安全评估"。因而,《网络安全法》第 37 条正式将数据本地化制度确立为法律强制性要求,并且规定我国的数据本地化制度是个人信息和重要数据以在境内存储为原则,以出境为例外。

《网络安全法》第 37 条将数据本地化的主体限定为"关键信息基础设施运营者",客体限定为"个人信息和重要数据",这其中隐含着数据本地化分级分类管理的理念。《网络安全法》第 31 条规定,"国家对公共通信和信息服务、能源、交通、水利、金融、公共服务、电子政务等重要行业和领域,以及其他一旦遭到破坏、丧失功能或者数据泄露,可能严重危害国家安全、国计民生、公共利益的关键信息基础设施,在网络安全等级保护制度的基础上,实行重点保护。关键信息基础设施的具体范围和安全保护办法由国务院制定"。因而,"关键信息基础设施"是指一旦遭到破坏、丧失功能或者数据泄露,就可能会严重危害国家安全、国计民生、公共利益的关键信息基础设施,对其须实行数据分级管理中较高水平的规制和保护。该法第 31 条第 2 款还规定,"国家鼓励关键信息基础设施以外的网络运营者自愿参与关键信息基础设施保护体系"。可见,该法第 31 条也隐含着数据本地化分级分类管理的理念。

为了进一步细化个人信息和重要数据的评估办法,将数据分级管理制度具体化、明确化,国家网络信息办公室在 2017 年发布了《个人信息和重要数据出境安全评估办法(征求意见稿)》,该意见稿进一步确定了个人信息和重要数据境内存储的原则。该意见稿规定数据出境安全评估由网信部门统筹,各行业主管或监管部门评估其行业相关数据,还规定了网络运营者的自行自觉评估机制。该意见稿规定了贯穿数据出境过程始终的评估方式,在数据出境前要评估出境必要性、个人是否同意、是否为重要数据以及数据接收方的情况等因素,在数据出境过程中还需要进行每年一次的安全评估。这体现了我国对数据评估的要求和数据本地化分级管理较为严格的特点。

对于某些特定行业,我国也制定了特别的数据分级管理措施。在金融产业方面,《关于银行业金融机构做好个人金融信息保护工作的通知》要求在中国境内收集的个人金融信息的储存、处理和分析必须在中国境内进行;《征信业管理条例》规定征信机构在中国境内采集的信息的整理、保存和加工应当在中国境内实施。在国家安全方面,《地图管理条例》要求互联网地图服务单位应当将存放地图数据的服务器设在中国境内,并制定互联网地图数据安全管理制度和保障措施;在个人信息方面,《人口健康信息管理办法(试行)》要求人口健康信息必须储存在中国境内的服务器中。

可见,我国的数据本地化分级管理已经有了一定的基础,建立在关键信息以境内存储为原则而以出境为例外的基础之上,辅之以数据出境评估措施;同时,我国的数据本地化措施范围较为宽泛,涉及数据主体的隐私和安全以及国家安全、执法行为等,但目前的立法缺少确定性和可预期性,相关定义和规范比较笼统和概括,其内涵和外延不够确定明晰。因此,我国的相关立法有必要厘清数据本地化与数据跨境流动的规制差异,将数据本地化分级管理制度进一步具体化,区分不同类型和级别的数据加以分别管控,在国际层面寻求共识与接轨,建立与本国利益一致的数据本地化分级管理制度,防止数据本地化的滥用。

2. 我国数据本地化分级管理的缺陷和不足

虽然我国的数据本地化分级管理制度有了一定的基础,但仍存在以下问题和缺陷。

(1)缺少具体、明确的数据级别界定标准

数据级别界定是数据分级管理的基础和前提,依照明确完整的判定标准或者采用列举的方式界定何为敏感数据,才能做到既防止敏感数据泄露,又限制数据本地化的不合理扩张,维护数据跨境自由流动。目前,我国数据级别界定规范仍然具有模糊性、笼统性、片面性的特点。《网络安全法》对我国数据级别的界定是原则性、概括性的,例如,将"关键信息基础设施"界定为一旦遭到破坏、丧失功能或者数据泄露,可能会严重危害国家安全、国计民生、公共利益的关键信息基础设施。但何为"严重危害国家安全""严重危害公共利益"等仍存在很大的不确定性。《网络安全法》第31条规定,关键信息基础设施的具体范围和安全保护办法由国务院制定,那么就可能由于国务院的相关规定扩大了关键信息基础设施的范围,从而强化数据本地化措施的实施。此外,在特定行业的各种规章中界定敏感信息,其逻辑性、体系性不强,且可能产生相互冲突的规定,还可能遗漏部分关键数据的确认。

(2)主要体现为政府干预而缺少专业人员的参与

数据分级管理的级别划分和管理措施应与本国的数字经济发展以及信息开放水平相适应,政府对于数据分级管理的规范有利于保证国家数据安全。因此,政府对数据分级管理的作用主要体现为规制方向和原则上的主导。但政府过多干预容易造成数据本地化保护范围的不合理扩张以及分级管理的形式化、机械化。我国对于数据的管理主要依托于行政机关的行政手段,行业自律组织和产业协会在其中的参与度低,行业内部专业人员的参与度不高容易导致对特定专业领域内的数据分级不明晰,甚至不符合行业运营实际。

(3)对普通数据和敏感数据的管理措施区分模糊

对普通数据的流通要求严格,导致数据流通成本高。我国出于对国家信息安全的维护以及对文化,舆论,社会整体性、稳定性的保护,倾向于严格的数据流通控制,除了保护数据主体的隐私和安全外,我国还将维护国家安全、反外国监听及便利执法等内容纳入了数据本地化措施的目的正当性。因此,我国已有数据分级的立法基础。将数据本地化视为国家安全的必然要求,在国际层面并不一定能获得普遍认可,在此情形下,必须保证数据分级规制的细致明确,否则可能导致普通数据的跨境流通难以与国际接轨,实际上构成了数据流通和数字贸易的壁垒。我国力图通过加强数据本地化,避免数据跨境流动产生的国家安全和网络安全风险;但也可能因此造成信息不对称或信息孤立,从而影响我国的数字贸易国际竞争力。

对于以上我国数据分级管理中存在的缺陷和问题,可通过比较分析美国和欧盟的数据分级管理制度及其原因,将其中有价值的制度规范借鉴到我国的数据分级管理制度中,使其与我国现实国情及数据跨境流动的要求相匹配,实现数据安全与促进数据跨境流动和国际数字贸易发展之间的平衡。

(五)完善我国数据市地化分级管理制度的建议

实施数据本地化分级管理是在实现数据跨境流动的同时,加强对数据本地化的监管,在促进国际数字贸易发展的同时,保障信息安全和国家安全。在大数据、云计算及物联网高速发展的背景下,完善的数据本地化分级管理制度应该能够平衡各方面利益并可与国际规则接轨。通过借鉴国际上典型的数据本地化分级管理规则,笔者对我国的数据本地化分级管理制度提出以下完善意见。

1. 以数据级别划分为基础

《网络安全法》第 21 条规定,国家实行网络安全等级保护制度。网络运营者应当按照网络安全等级保护制度的要求,履行安全保护义务,保障网络免受干扰、破坏或者未经授权的访问,防止网络数据泄露或者被窃取、篡改。国家质量监督检验检疫总局(现国家市场监督管理总局)以及国家标准化管理委员会发布的《信息安全技术数据出境安全评估指南(草案)》界定了个人敏感信息和重要数据的定义。个人敏感信息是指一旦泄露、非法提供或滥用可能危害人身和财产安全、损害个人名誉和身心健康、导致歧视性待遇等的个人信息。重要数据是指与国家安全、经济发展,以及社会公共利益密切相关的数据,可见,我国已经确定了数据分级的逻辑基础。数据的分级是数据本地化分级管理的基础和前提,只有准确、具体地确定各类数据的性质和保护级别,才能实现数据本地化分级管理的收益最大化。

数据一般包括政府数据、企业数据和个人数据。在此基础上,可根据数据受到侵害所导致的对于国家安全、社会公共利益、企业经济利益或个人合法权益的危害程度,将数据分为普通数据和敏感数据。例如,对于个人数据,可根据个人数据的可识别性的强弱将其分为三个级别:网络行为数据、个人属性数据、个人重要数据。网络行为数据包括在公开网站或公共社交平台留存的日常数据,包括浏览网页、数据传输等产生的隐性记录;个人属性数据主要包括个人的基本数据、身份信息等;个人重要数据则包括医疗健康、财产状况、生物属性、性取向等敏感度更高的信息。在数据类型及级别划分的基础上,可对数据跨境流动的风险进行量化分析和动态管理:一方面,要对可确定的个别风险因素进行定性、定量的规范化评估;另一方面,要对各个风险因素加以综合评估以判断总体风险的程度大小。对于敏感数据,应通过制定专门的规则规范,构建明确、具体、完整、体系化的评级标准;也可以通过列举的方式,明确敏感数据的范围,减少自由裁量或不确定性的空间和范围。

以数据分类分级为基础,对于敏感数据,例如个人健康数据,关于通信、电力、地理、矿产资源等的数据,涉及个人隐私及国家安全,受到侵害后对个人隐私或国家安全的危害较大,相应的规制管理方式应较为严格,应坚持数据本地化,由国家进行全面规制管理,防止核心数据泄露,保障国家主权和数据安全。对于普通数据,如普通的政府数据、企业数据及个人数据,受到侵害时所造成的损害影响较小,相应的规制管理方式可较为宽松,故应采取多种手段,减少数据本地化程度,减少数据跨境流动的成本,促进数据跨境流通。

2. 敏感数据的严格本地化

个人敏感数据涉及个人身份信息、身体健康状况、财产状况、家庭住址等特殊领域,此类数据一旦泄露就会严重危害个人隐私权和人格权,并且难以事后救济。国家敏感数据,如征信、金融、电信、邮政等方面的信息一旦泄露会直接威胁国家安全,对社会的稳定和经济发展造成危害。以美国为代表的国家虽然对数据跨境自由流动表现出了相当程度的支持,但仍然对数据跨境流动设立例外情形,以"合法公共政策目标"要求保障数据安全。"合法公共政策目标"与敏感数据的保护有相似之处,要求禁止敏感数据跨境流动,敏感数据必须在境内的服务器存储、处理和使用。敏感数据的本地化管理应当以严格、具体、准确保护为原则。对于敏感数据的保护,美国和欧盟的处理方式有一定的相似之处,均采取了较为严格的本地化管理手段,尤其是对于特殊领域的数据,均在部门法中做出了具体的本地化要求。我国目前对于敏感数据的本地化立法仍然具有分散性和概括性的特点,大部分本地化规定都分散在不同的法律法规中,作为总领性法律的《网络安全法》又过于笼统。为了防止敏感数据的概念扩大,立法机关及政府有必要出台相关的配套文件,详细、准确地明确敏感数据的定义和内容、评估方法、监管主体、监管方式等。

对于敏感信息的监管建议采取全流程监管,以严格的数据本地化为主,以严格限制的数据出境为例外。在数据出境前,评估数据的数量、种类、范围、敏感程度、受到损害的危害程度、救济难易程度,以及数据出境的必要性等,除了对数据进行评估,还要对数据流向国家的法律建设水平、信息保护水平等进行评估。只有评估通过,才有可能进行数据流通。高效准确地识别和预测数据跨境风险,进而及时预警、主动防御是控制数据泄露风险的重要手段。在数据出境过程中,要确立定期检查加抽检的安全检查制度,每年对出境数据进行安全评估,当发生意外事件、重大事件时,对数据出境进行重新评估。在监管的主体方面,要求建立从下到上的完善的监管体系,权责确定,确保安全责任的承担问题。首先,总体上由政府专门机关统筹监督和评估,指导并监管各行业的评估工作。其次,由企业内部、行业内部对本行业数据进行安全评估,并对评估结果负责。

3. 普通数据流通自由化

普通数据的本地化管理应当以高效、便利、广泛保护为原则。为了促进跨国贸易和数据流通,防止贸易壁垒,普通的公民个人信息、企业信息和政府数据作为安全需求等级较低的数据,可以适当降低数据本地化要求,有条件的允许数据跨境流动,可以从以下几个方面降低普通数据的流通成本,减少政府干预,提高数据流动自由度。

(1)建立"安全岛"制度

1995 年,欧盟颁布了《个人数据保护指令》,该指令第一次提出了"充分性保护水平"的概念,要求数据输入国对于数据的保护水平要达到充分性保护,才能进行数据的跨境流动。在数据流转中,各国家、各公司数据保护能力良莠不齐,数据从高安全级别流向低安全级别,若缺乏有效的安全评估,则极易导致数据非授权访问、明文存储等安全问题,以及数据安全责任界定不明确的问题。这里所提出的"安全岛"制度与"充分性保护水平"有一定的相似之处,都是通过评估第三国的立法水平、执法水平、涉及个人数据保护的国际条约承诺、数据的性质和类别、数据处理的目的和期限等各方面因素来决定是否能够进行数据流动,但是相对于严格的充分性保护认定,"安全岛"的本意在于保护普通信息的流动,可以适当降低评估标准,简化认定程序。且"安全岛"可以不限于国家之间,对于大型跨国企业,可以在经过审查之后,通过签订标准化合同,提高违约赔偿责任的方式,批准其作为"安全岛",促进数据流动和数据贸易自由。同时利用高额的违约赔偿,倒逼企业提高数据安全系数。"安全岛"的设立应该全面地考虑第三国信息保护法律的完善程度,要求企业数据运作在一定程度上透明化、公开化。"安全岛"的建立可以在部分数据和部分地区,使我国目前的全流程监察措施变成事后监管,降低监管的复杂程度,提高数据流通的自由度。

(2)采用规范化合同的方式管理个人数据流通

在我国,数据主体的同意与否是个人数据跨境传输的必要条件。我国《个人信息和重要数据出境安全评估办法(征求意见稿)》第8条规定,个人数据出境必须征得信息主体的同意。当前,我国对于个人信息的使用主要采取"告知""许可"原则,这一原则也得到了《全国人大常委会关于加强网络信息保护的决定》和《电信和互联网用户个人信息保护规定》的确认。欧盟、俄罗斯、日本等国家和地区也都明确要求将数据主体的知情同意作为数据跨境流动的前提要件,即数据控制者在将数据向第三方传输前,需要向数据主体进行明示并取得其同意,否则不能将数据进行跨境传输。但在日常生活中,我们不难发现,在登录注册软件时,很少有人会点开数据使用通知仔细查看,即使点开查看也常常因为篇幅太长、理论晦涩难懂而难以仔细研究,并且时常会出现如果不同意该软件提供的安全隐私协议,就无法使用该软件的情况,因此,人们不得不同意软件公司所提供的隐私安全协议。面对这种情况,笔者建议以规范化合同的方式,解决知情同意形式化的问题。规范化合同是指政府概括性地根据企业的数据使用方向,所使用的数据级别、数量以及数据受到侵害所导致的后果大小,分级别地订立规范化的隐私安全保护协议模板,对隐私保护协议进行分级,使数据主体可以一目了然地了解该软件的数据保护程度和数据利用情况,发挥知情同意的意义。

(3)引入专业机构参与数据分级评估

对数据本地化的分级评估以及对数据自由流动的评估一般包含两个方面:一方面是对信息本身的评估,另一方面是对信息出境国安全性的评估。在对信息本身的评估中,很多信息涉及的专业知识众多、业内环境和发展情况多样,例如金融、征信、食品药品安全等方面,单纯靠政府进行信息分类是不现实的,信息的多样化和专业性决定了必须有专业人员参与进来。因此,可以借鉴欧盟的"数据专员制度",设立专门的评估机构,吸引专业人员进行评估,政府只需在大方向上订立标准,审核机构的专业度、权威度,授予机构评估资质,增强监管。这样既减轻了政府的负担,也使数据的分级更加贴合市场需求,更能适应社会变化和经济发展情况。

（4）推动实行行业自律

行业自律是指在国家之外，社会组织自发通过确立自律规范来规范自己的行为、实现自律的目的的一种机制。行业自律是美国保护个人数据的重要的非法律途径，这与美国的经济制度密切相关。虽然国情不同，但在对数据的保护过程中，行业内部和企业本身的主动性、积极性要比政府的规制更加灵活，也更能适应市场经济的发展。因此，政府可以采取守序奖励机制、处罚机制，来刺激行业内部自治机制的完善，鼓励企业遵守行业规范。行业内部应当按照数据等级划分，制定行业内部安全评估和管理制度及操作流程，确定行业或企业内部安全责任人，落实安全保护责任，并经常检测、记录数据流动状态，防范计算机病毒和网络攻击，对重要数据实行加密保护，以防数据被破坏、窃取或篡改。

4. 数据分级接轨国际化

我国作为发展中国家，与欧盟和美国等发达国家和地区相比，在国际事务以及国际贸易中影响力相对较低。数据流动的无国界性要求我国的数据本地化分级管理制度必须与国际规则相适应。目前，国际上已经开始制定关于数据跨境流动、数字经济与贸易等的国际标准和贸易规则，希望以此来规制跨越国界的数据获取、使用和所有权等重大问题，例如美国通过《跨太平洋伙伴关系协定》来扩大本国数据管理和流通的影响力并提出商业信息自由传输的条款以及欧盟的规制体系。我国不能继续被动地接受和参加国际协议，要积极地参与到国际谈判以及国际规则制定中，争取引领规则制定，提高国际规则确定影响力。通过与国际规则接轨，促进我国企业走出去，为互联网企业的跨境电子商务奠定坚实的制度基础。

在促进国际化过程中，一方面，要积极参与国际组织的活动和规则制定。坚持对敏感信息的严格保护和对普通信息的自由化方向，在防止敏感信息过度扩大化的同时，合理考量我国互联网产业的发展情况，也要保证数据安全。另一方面，由于当前世界各国的立场和观点存在较大差异，在短期内无法形成相互协调的全球数据跨境流动政策体系，因此，我国的数据保护政策应以自由贸易谈判为契机，深度嵌入双边、多边贸易协定。

我国希望在国际层面构建符合本国利益的数字贸易规则，应限制数据本地化规制范围并在国际层面与欧盟或美国寻求一定程度的数据本地化规制共识；同时，利用好"金砖国家"的特定关系优势，在多边交往中积极推行我国的数据分级保护政策,加强国家间的合作和交流,推动双边或多边国际数字贸易流通规则的建立,防止各国滥用数据本地化措施分割国际数字贸易市场。我国目前正在大力推进《区域全面经济伙伴关系协定》(RCEP)、中日韩自贸区等区域谈判,这对我国而言,是一个构建区域层面数据跨境流动规则的机会,此外,还可以借助 APEC、OECD、G20 等国际平台,最大限度地降低数据流通成本,保障数据安全。

第三节　数据跨境流动规制

一、数据跨境流动的定义

联合国跨国公司中心对数据跨境流动(transborder data flow)的界定是跨越国界对存储在计算机中的机器可读数据进行处理、存储和检索。OECD 通过的《关于隐私保护与个人数据跨境流动的指南》认为,跨越国境的个人数据移动构成数据跨境流动,个人数据包括任何与已被识别或可被识别的个人(数据主体)有关的信息;该定义涵盖了可被机器识别的数据,数据流动超越地理意义的国边境,对数据进行存储、读取和编辑等处理。我国发布的《信息安全技术数据出境安全评估指南(征求意见稿)》将数据出境定义为:将在中华人民共和国境内收集和产生的电子形式的个人信息和重要数据,提供给境外个人、组织、机构的一次性或连续性活动;境外数据经由中华人民共和国中转,未经任何变动或加工处理的情形不属于数据出境。

数据跨境流动的定义包含三个要素:①主体是可被识别的数据;数据流动超越地理边界,包括原始数据的二次跨境流转;②须对数据进行一定的处理,如数据读取、存储、编辑等行为;③如未跨越地理边界或没有实施处理行为的数据流动面临跨境法律冲突则属于法律层面的数据跨境流动。因此,数据跨境流动是指位于一国或地区内的数据控制者向本国或本地区之外的第三方提供个人数据,包括分享、传送、读取及其他可让第三方知悉相关个人数据的行为,第三方包括个人、公司或政府机构。数据跨境流动有两种理解:一是数据跨越国界的传输和处理;二是虽然数据没有跨越国界传输,但第三国的主体能够访问、获得。例如澳大利亚《隐私法》的解释认为,数据跨境流动应根据是否从澳大利亚国界以外进行接入予以区分,如果个人数据存储于澳大利亚,但被从澳大利亚境外访问,即可视为跨境流动;反之,如果个人数据仅短暂存储于澳大利亚境外但并未被访问,则不受数据跨境流动原则的约束。

数据跨境流动规制是指一国或地区针对数据通过信息网络跨境传输、处理所采取的基本立场及配套管制措施。数据跨境流动规制包括从保守到开放的不同立场趋向的政策类型,可适用于数据流出或流入。

数据本地化措施是指为了保护本国公民隐私、国家数据安全及为了实现行政执法、司法的便利等目的,要求个人数据必须在境内存储、处理的管制措施。数据本地化与数据跨境流动既有联系又相互区别:数据本地化要求数据在本地存储,但不一定不允许跨境传输,而禁止数据跨境流动,是既要在本地存储,同时还不允许向境外传输。

数据本地化措施根据监管严格程度,可分为不同的类型,包括:①只要求当地数据备份,不限制数据的跨境流转提供;②除了要求数据留存当地,还限制数据的跨境流转提供;③要求特定类型的数据留存在境内,如澳大利亚 2012 年《个人控制的电子健康记录法》禁止健康数据转移到国外,除非有特定的例外;④数据留存在境内的自有设施上,如中国对外资开放的部分电信业务中关于设施本地化的要求。

对于数据跨境流动规制,过去主要关注个人数据保护,防止本国的个人数据被保护水平较低的国家不当处理,或者防止涉及国家安全、经济安全的个人数据被他国掌控。但在当下的云计算环境下,个人数据、政府及行业数据都被纳入数据跨境流动管理的范畴。

二、数据跨境流动规制的国际比较分析与本土建构

信息技术和互联网的迅速发展促进了数据交易的不断增长,促使数据跨境流动的规模迅速扩张。我国对数据跨境流动的规制处于起步探索阶段,缺乏相关的立法和监管经验。因此,通过比较分析美国、欧盟、俄罗斯等国家或地区的数据跨境流动规则,了解相关规则的基本内容、原则、价值理念等,基于我国当前的立法现状探讨如何在国家安全得到保证的情况下实现数据跨境流动,对于构建符合我国自身发展需求的数据跨境流动规则并提高我国的数据治理能力具有重要的现实意义。

（一）数据跨境流动的界定与立法价值

"数据跨境流动"的概念由经济合作与发展组织于 1980 年在《关于隐私保护与个人数据跨境流动的指南》中首次提出，其范围限定在个人数据。亚太经合组织在《APEC 隐私框架》中将数据跨境流动定义为跨国界的个人数据流动。

我国《信息安全技术数据出境安全评估指南（征求意见稿）》第 3、第 6 条将数据出境定义为：将在中华人民共和国境内收集和产生的电子形式的个人信息和重要数据，提供给境外机构、组织、个人的一次性活动或连续性活动；境外数据经由中华人民共和国中转，未经任何变动或加工处理的情形不属于数据出境。

数据跨境流动是指数据跨越国家、地区或国际组织之间的政治边界并发生数据传输、存储、处理等行为。个人数据的跨境流动是指位于一国或地区内的数据控制者向位于本国或本地区之外的第三方提供个人数据，包括分享、传输、读取以及其他可让第三方知悉相关个人数据的行为，该第三方既包括个人、公司，也包括政府机构。

数据可分为政府数据、商业数据和个人数据。因涉及国家秘密和国家安全，政府数据具有特殊性，故，国际上基本形成了禁止政府数据跨境流动的共识。个人数据保护和商业数据使用是数据跨境流动规制中的重点，聚焦于基于商业目的的个人数据的跨境流动。

随着数字贸易的全球化发展，数据跨境流动已成为必然，同时，数据跨境流动也产生了诸如数据主权、国家安全及个人隐私保护等问题。国际社会普遍认可个人数据在一定程度上属于隐私范畴，因此，作为人格权一部分的隐私权要求个人数据应当受到保护，无论其是否丧失了数据主体的国家主权保护。但个人数据的经济价值使其被视为应在全球范围内自由流动，而不能因为人格权保护而遭受流动限制。如何在这两者之间寻求利益平衡，是数据跨境流动法律规制的核心。

我国的数字经济在跨境贸易和全球化方面有待进一步拓展和提升，在此形势下，我国应当建立符合本国利益的数据跨境流动法律框架，在保证国家安全的同时实现数据跨境流动的国际化。

(二)各国(地区)数据跨境流动法律规制的比较分析

1. 各国(地区)对数据跨境流动的监管

由于文化传统、政治制度、法律价值观等存在差异,各个国家或地区之间在数据跨境流动规制方面各不相同。一些代表性国家或地区的相关立法均是基于本国或本地区的政治、文化、数字贸易利益进行价值排序,从而做出数据跨境流动立法的价值选择。规制数据跨境流动的国内法大体可分为以下三种。

(1)对数据跨境流动不予以直接限制

对数据跨境流动不予以直接限制的典型国家是美国。美国提倡企业自我规制、自我评估、自我监督、行业规范、行业自律。如果企业未能自我管制,将会被视为具有欺诈或不正当竞争行为。虽然美国对数据跨境流动不予以直接的立法限制,但是间接的监管措施仍然存在。美国通过的《联邦政府云计算战略》规定联邦政府可审查企业根据美国的网络安全审查机制签署的网络安全协议,此类协议通常包括通信基础设施必须位于美国境内,通信数据、交易数据、用户信息只能存储在美国境内等内容。美国之所以对数据跨境流动不予以直接限制,是因为美国的互联网企业是世界上最大的互联网服务和产品提供商,掌控了全球绝大部分的网络数据,同时,美国的国内立法使美国政府可在特定情况下分享企业获得的网络数据,美国的数据域外管辖权也使得美国政府可以获取美国企业存储在域外的数据,如美国司法部曾要求微软、苹果公司向其提供存储于美国境外的数据。因此,美国的企业为了占据数字贸易的世界垄断市场而通过促进数据跨境流动来维护已建立的信息产业优势,美国政府为了获取域外的数据而对数据跨境流动不予以直接限制,利用美国跨国公司控制的数据对国际经济、政治进行监控、分析,这符合其国家利益。

(2)对数据跨境流动设立限制条件

对数据跨境流动设立限制条件是指法律规定在特定情形下禁止或允许数据跨境流动。对数据跨境流动的限制主要分为两类。一类是设立许可规定,要获得数据主体的同意或相关监管机构的行政许可才能跨境传输数据。另一类是设立法定标准,即在符合立法规定的某些标准(如隐私标准、安全标准等)的情况下,数据才可以流出或流入其境内。欧盟通过的《一般数据保护条例》规定,在告知数据主体其数据将由谁收集及如何使用后,如数据主体允许,数据处理者方可使用其数据。

(3)本地数据中心设立及本地化存储要求

本地数据中心设立要求是指要求在本国运营特定数据业务的数据服务提供企业必须在该国境内设立数据中心,数据必须存储在数据中心。本地化存储可分为两类,一类是数据存储且不能离开,即数据的存储和处理都只能在其境内,不得跨境输出;另一类是数据存储可以离开,即数据在本地数据中心存储后可以在境外复制和处理。越南、巴西、俄罗斯、印度尼西亚等国都要求跨国互联网企业在本国设置数据中心。

2. 美国数据跨境流动规制的立法价值取向:数字贸易利益优先

美国在数字经济方面一直处于世界领先地位,基于美国数字经济产业的竞争实力,为推动数字经济的全球化发展,美国在国际上推行自由化的数据跨境流动法律规则,采取进取型的主张数据跨境自由流动的策略。

1997年,克林顿政府制定了与数据跨境流动相关的《全球电子商务框架》,该文件要求美国与主要的国际贸易伙伴进行谈判,从而确保各贸易伙伴国的政策不会阻碍数据的跨境流动,进一步促进国际数字贸易。虽然该框架也提出了个人隐私信息与信息自由流动利益要保持平衡,但同时担心由于各国的隐私保护政策而形成新的数字贸易非关税壁垒。美国没有制定专门针对隐私保护和数据安全保障的法规,大多数涉及隐私权网络侵害的案件主要依据《联邦贸易委员会法》第5节"商业欺诈"规则进行审理。

美国认为,数据跨境流动是促进数字经济和贸易发展的重要动力,对数据跨境流动进行限制或设置过高水平的隐私保护体系会显著增加企业的运营成本。美国聚焦于数据自由流动的经济利益和商业价值,重视通过促进数据跨境流动而巩固其对数据占有和利用的优势,以此获取更大的国家利益。美国的数据跨境流动政策的核心指导理念是通过推进国际数字贸易的自由化,维护并发展美国在全球数字贸易体系中的领先和主导地位。

美国对个人数据保护的模式属于"以组织机构为基准"的行业自律模式。该模式以事后问责为原则,以数据自由跨境流动为前提,要求数据控制者在经营中对数据安全采取合理、合法的措施予以保障。美国的行业自律模式是通过行业组织或第三方认证机构制定具体的个人信息隐私保护标准,默认数据控制者在商事运营中会自觉地遵守相关义务,行业组织及行政机构仅在事后对违法行为进行处罚或制裁。

在美国主导下,亚太经合组织于 2004 年制定并通过了《APEC 隐私框架》,这是亚太地区第一份关于数据跨境流动规制的区域性指导文件,该框架受到美国价值观念的影响,美国的主张也在其中得以体现,其目的是寻求数据自由流动和个人隐私保护之间的平衡,促进数据跨境自由流动。该框架提出了个人信息保护九大原则,即避免伤害、通知、收集限制、个人信息的使用、选择性原则、个人信息的完整性、安全保障、查询及更正、问责制。该框架第 4 章要求成员经济体采取一切合理及适当步骤避免和消除任何不必要的信息流动障碍。该框架在各个国家和地区缺乏法律效力,可操作性不强,所以没有取得很好的效果。在《APEC 隐私框架》的基础上,APEC 设立的跨境隐私规则体系(CBPRs)于 2012 年正式启动,美国主导的 CBPRs 体系的核心包括自我评估、符合性审查、认证、争端解决和强制执行,与《APEC 隐私框架》不同的是,加入 CBPRs 体系的准入条件是该经济体设有隐私执法机构,加入 CBPRs 体系之后还需要引入问责代理机构,这一点说明,CBPRs 体系注重行业自律和事后问责,强调利用独立的第三方机构对数据的跨境流动进行监管;CBPRs 体系倡导数据治理规则的实用性,重视数据自由流动带来的经济效益,最大限度地追求数据跨境流动带来的经济价值;通过 CBPRs 认证的企业被认为满足了隐私保护要求,可以在 APEC 区域内实施数据跨境自由传输。

此外,美国还通过双边自由贸易协定,如《美国—韩国自由贸易协定》等推行其主张的数据跨境流动规则;还通过多边自由贸易协定,如《跨太平洋伙伴关系协定》在国际上积极推动符合美国意图的数据跨境自由流动规则。

美国的信息技术处于世界领先地位,是数字贸易的全球引领者,美国主张对数据跨境流动采取弱化的规制政策,有利于国际数字贸易的自由化,也有利于美国控制国际数据流动,获取更大的数字贸易市场和利益。

美国虽然主张保护个人数据,但只是基于消费者权利保护的层面对个人数据予以保护,如《2018 加州消费者隐私法案》扩大了消费者的隐私权,同时要求企业承担更多的对保护消费者个人数据的义务;美国针对外国投资者的国家安全审查也可能要求与外国投资者签订涉及特定数据本地化要求的安全协议。但美国在本质上强调数据的自由流动,认为法律规制应尽量减少对数据流动的阻碍,其数据跨境政策与数字贸易自由化政策深度捆绑。美国凭借其技术和产业优势,并不聚焦于数据跨境流动可能导致的数据安全或隐私保护问题,而着重于现实数据跨境流动为美国企业带来的数字贸易利益,仅设置个案式的事后监管机制,在美国的一般立法中较少设定禁止或限制数据跨境流动的明确规范。

美国对个人数据的保护要求主要体现为对个人隐私的保护标准。美国的隐私保护标准主要分为两个层级:第一个层级为在线隐私联盟公布的在线隐私指引(OPA);第二个层级为美国两大隐私认证企业制订的隐私保护计划。

OPA要求网络运营商在收集信息时应全面告知消费者收集的信息的类型和目的、是否会将收集的信息披露给第三方等,但OPA只是一项建议性的隐私保护标准。

第二个层级的隐私保护计划对于获得认证的企业具有直接约束力,隐私保护计划以OPA为范本,根据美国联邦贸易委员会的隐私保护原则制订。企业申请隐私保护计划认证时,应制定符合联邦贸易委员会隐私保护原则的企业内部政策并接受审核,通过审核则可获得隐私信赖标识;通过隐私认证的企业可将认证标识贴附于其网站上,从而获得用户的信赖。负责隐私认证的企业应对获得认证的成员企业定期或不定期地进行考察,对违规行为予以处罚。获得认证的成员企业未遵守企业内部隐私政策时,负责隐私认证的企业可对其采取限期改正、批评、公示等处罚措施,对拒不改正的成员企业,可撤销其隐私信赖标识。

美国主导的CBPRs采取的是美国式行业自律模式,以数据控制者会自觉遵守个人数据保护原则为预设立场。涉及个人数据跨境传输的企业自我评估后接受问责代理机构的评估,若通过评估获得CBPRs认证,即被视为符合隐私保护标准。根据CBPRs的规定,申请加入该体系的成员经济体应先推荐一个或多个隐私认证机构加入跨境隐私执法安排,加入跨境隐私执法安排的隐私认证机构则根据《APEC隐私框架》的九项原则制定认证标准。获得CBPRs认证的企业可实施数据跨境流转,但要确保个人数据在跨境传输中的安全。对于违反《APEC隐私框架》规则的企业,由隐私保护执行机构进行问责处罚。可见,美国主张采取的是企业符合评估标准后的事后问责制,其保护要求较低,认证内容较少,对企业不做事先的个人数据传输限制,而在企业违反义务后对其事后问责,这就大大减少了对数据跨境流动的限制,达到以最低限度限制数据跨境流动的目的。

虽然美国主张数据跨境自由流动,没有制定专门的规制数据跨境流动的法律规则,但美国要求对于涉及军事技术、新兴科技、信用、金融、医疗健康、儿童等特定领域的数据进行备案或许可证管理,只允许一定条件下的数据跨境流动。

总体而言,美国作为信息技术最强的国家,在制定数据跨境流动政策时,以支持本国的互联网企业的数字贸易发展为出发点,通过国际双边或多边贸易协定的谈判磋商,推动数据跨境自由流动,从而降低国际数字贸易壁垒,为本国的互联网企业创造巨大的数字贸易发展空间。

3. 欧盟数据跨境流动规制的立法价值取向:个人权利保护优先

欧盟在传统上重视对隐私权的保护,从人权保护的层面考虑数据跨境流动政策的制定采取人权优于数据使用权的模式来保护个人数据,从个体的权利保护出发对数据跨境流动进行规制。

欧洲理事会于 1953 年通过的《人权保护及基本自由公约》第 8 条就规定了对隐私及家庭生活的尊重。欧洲的数据保护政策认为数据属于隐私的一部分,所谓的个人数据和信息保护,就是从数据视角对隐私权保护的一种解读。

欧盟于 1995 年颁布的《关于个人数据处理保护与自由流动指令》("95 指令")是欧盟各成员国制定本国个人数据法的基本框架和指导性原则,其规定:在欧盟内部,禁止以数据保护的名义限制个人数据在欧盟境内自由流动;但欧盟居民的个人数据流出欧盟境外必须获得充分性保护,企业向非欧盟国家和地区转移欧盟居民的个人数据将受到特别限制;欧盟居民的个人数据只能向与欧盟的数据保护水平相当的国家和地区传输,如果数据接收国的数据保护水平没有达到欧盟认可的标准,必须按照两种替代方式实现流转:一是取得了数据主体的明确同意或是为了履行与数据主体之间的协议而实施的传送;二是处理数据的企业能够证明已采取了充分的保障措施。

欧盟于 2018 年 5 月 27 日生效的《一般数据保护条例》取代了"95 指令",设定了处理和保护欧盟居民个人数据的新框架和指导原则。GDPR 的核心是规定了个人数据流动的充分性保护原则及充分性保护认定机制,充分性保护原则体现了欧盟对个人数据的人权保护价值理念。GDPR 不再需要成员国将其转化为国内法而具有直接适用的法律效力,并且扩张了域外适用效力,提供了更多的可向第三国或国际组织转移个人数据的渠道,增加了"脱敏数据"类型的确认,增设了数据主体的更正权、被遗忘权等。

此外,基于数字贸易的现实利益考量,欧盟并不希望其内部的数字贸易市场被美国的互联网企业占据,GDPR中规定的限制数据向欧盟境外流动的措施以及高保护标准,在一定程度上阻止了数据流出欧盟,对非欧盟国家形成了数字贸易壁垒,有利于欧盟境内的数字产业发展。

可见,欧盟采取的是区分不同流动区域适用不同规制标准,以充分性保护原则作为事先过滤的规制路径。

欧洲理事会于1981年通过的《与个人数据自动化处理有关的个人保护公约》是欧洲第一个规制数据跨境流动的法律文件,仅涉及欧盟成员国之间的数据流动,其核心制度是:原则上可以对正在或将要被自动化处理的数据的跨境流动进行管制,但不允许成员国仅仅出于隐私权保护的目的就禁止数据跨境转移或以特别许可的方式限制数据跨境流转。可见,该公约是要保证数据在欧盟内部市场的自由流动,推动成员国之间的数据跨境共享。

欧盟的数据跨境转移机制对于数据控制者主要存在三种例外情况:

(1)充分性保护认定机制(白名单制度)

由于担心数据流出欧盟后可能被未经许可地收集、使用或篡改,欧盟于1995年颁布的《关于个人数据处理保护与自由流动指令》第25条第1款规定,欧盟各成员国可以将正在处理或转移后处理的数据转移至第三国,但是数据流入的第三国必须能够提供充分的个人数据保护水平。"充分性保护"原则是指个人数据的转移需要满足一定的前提条件,即数据转移的流入国能够对个人数据提供与欧盟同等标准的保护力度。可见,欧盟采取了以地理区域为基准的规制路径,当第三国对于欧洲公民的个人数据可提供适当充分保护,并符合数据主体所在的欧盟成员国关于数据跨境流动的国内法时,个人数据方可转移到第三国或转移后进行处理。欧盟将数据保护水平的充分性作为欧盟与境外国家实施数据跨境流动的原则,即数据可传输到获得"充分性认定"的国家和地区;欧盟委员会和欧盟成员国根据第三国的个人信息保护立法状况、数据处理规则、执法能力以及是否存在有效的救济机制等因素,综合评估可进入充分性保护认定白名单的国家和地区。

GDPR第45条第1款延续了充分性保护要求,将接收个人数据的规制对象从第三国扩展为第三国或国际组织,即使数据接收方为欧盟境外的国际组织,也应遵循充分性保护原则。GDPR 可直接在欧盟成员国适用,但个人数据跨境流动仍应遵守成员国国内法的特殊规定,如关于青少年儿童的个人数据流动的年龄限制;在不违背 GDPR 基本原则的情况下,成员国可对某些内容进行专门规定。

数据处理规则达到充分性保护要求是指满足目的限定、比例原则、透明性、安全措施、救济措施及后续转移限制等原则。数据规则的实施达到充分性保护要求是指执行机构遵守规则、对数据主体给予支持和帮助及对受害方提供司法或仲裁等救济措施。欧盟成员国可向被认为符合充分性保护要求的国家,即白名单国家,自由传输数据,但禁止向被认为不符合充分性保护要求的国家流转数据。

截至 2020 年 2 月,欧盟委员会确认达到了充分性保护要求的国家和地区的清单中包括:阿根廷、安道尔、加拿大(商业组织)、根西岛、法罗群岛、曼岛、以色列、日本、新西兰、泽西岛、乌拉圭、瑞士、美利坚合众国(限于"隐私盾"框架)。欧洲经济区内的个人数据可向上述国家和地区流出。

(2)充分保障措施

充分保障措施主要体现为"标准条款合同"和"有约束力的公司规则",这可被称为合同法模式和公司法模式。

目前,欧盟委员会制定了三种"标准条款合同"范本,分别适用于数据控制者之间的转移、数据控制者与数据处理者之间的转移。"标准条款合同"以数据主体权益保护为目的,规定了数据转移当事方和数据主体在数据保护上的权责分配关系。"标准条款合同"通过规定数据输出方和数据接收方基于合同的数据保护责任,间接提供了对个人数据的保护机制,例如规定:数据主体因合同当事人违反数据保护义务而造成损害,则有权向合同双方请求损害赔偿;合同当事人同意,只有证明任何一方当事人对标准条款的违反均没有责任的情况下,才能免除合同当事人的赔偿责任。如果某国企业与欧盟成员国企业签订了"标准条款合同",承诺按照合同履行其数据保护义务,则可认为其满足了数据充分性保护要求。

GDPR 第 47 条规定的"有约束力的公司规则"主要适用于跨国公司内部位于不同国家的各分支机构之间的数据流转。总部位于欧盟境内或设立有分支机构的跨国公司,需要在集团内部将欧盟的个人数据转移到境外的,可以通过制定符合 CDPR 要求的集团内部政策以获得数据跨境流动的合法地位,"有约束力的公司规则"显然借鉴了行业自律模式和问责制,在遵守充分性保护要求的前提下,给予跨国公司其他途径实现数据跨境转移。"有约束力的公司规则"协议范本规定了数据保护原则、数据主体的权利、跨国公司的责任、争议解决方式及救济措施等;"有约束力的公司规则"需要得到分支机构所在国的批准,才可成为欧盟成员国向不满足数据充分性保护要求的欧盟境外国家转移数据的法律根据。例如某一跨国公司遵循一套完整的且经欧盟个人数据监管机构认可的数据处理机制,则该跨国公司内部整体形成一个"安全港",允许个人数据从跨国公司内的一个成员企业传输给另一个成员企业。目前,已有宝马汽车、惠普等 72 家公司获得了欧盟的"有约束力的公司规则"认证。

(3)基于数据主体的明确同意或履行合同所必需的特殊例外场景

由于个人数据监管制度日益不适应欧盟企业向欧盟境外传输数据的数字贸易发展要求,欧盟于 2018 年 5 月生效的《一般数据保护条例》对之前的数据跨境流动政策进行了灵活性修正。GDPR 不仅对所有欧盟成员国具有法律约束力,还明确规定对在欧盟境外处理欧盟公民的个人数据也具有适用效力,从而拥有了域外管辖权,即对向欧盟公民提供服务的公司和在欧盟境内经营的公司都有管辖权。

欧盟 GDPR 明确禁止成员国以事前行政许可的方式规制数据跨境流动,只要符合 GDPR 规定的跨境流动条件即可传输。

欧盟 GDPR 提出了更为完备的、实质化的充分性保护认定机制。如果企业在欧洲经济区内开展的业务涉及数据跨境流动,则必须适用 GDPR;如果企业不在欧洲经济区内开展业务,是否需要适用 GDPR 则取决于其是否向欧洲用户和市场提供商品或服务。对于数据跨境流转问题,充分性保护认定考察的是数据流入国的相关立法保护水平和数据保护当局的职能和执法力度。GDPR 第45 条第 2 款明确指出,欧盟委员会在进行充分性保护认定时,应将以下因素纳入考量范围:①应考虑数据流入方的法治、人权、基本自由的保障水平、相关立法、行政机构的存在和有效运作、国际机构对于境内数据控制者的权力介入以及数据主体享有的权利和救济机制;②应考虑数据流入方是否具有一个或多个独立监督机构,其是否具有足够的执法权、数据保护原则以及确保规则有效适用的执法机制;③应考虑数据流入方或国际组织已签订的国际公约或已做出的相关国际承诺。

欧盟成员国和欧盟委员会对于潜在的数据流入方定期或不定期地进行审核,对于被认为未提供充分性保护的第三国应相互予以通报;对于不符合充分性保护原则的提案,欧盟委员会应通过合法多数投票决定;对于被确定不再符合充分性保护的第三国,欧盟成员国应采取必要措施以防相同类型的数据转移到该第三国。

除了国家之外,GDPR还将充分性保护认定的评估对象扩展到了某一国内的特定地区、行业及国际组织,进一步扩展了充分性保护认定的覆盖范围。

GDPR除了保留已有的三种"标准条款合同"范本,还允许成员国的数据监管机构指定其他标准条款合同,为企业提供更多的符合实际需求的数据跨境流动合同范本。

GDPR还主张应充分发挥行业协会的监督作用和市场自律作用,允许数据控制者成立协会并制定成员应遵守的行为准则,该行为准则经由成员国的数据监管机构或者欧盟数据保护委员会认可后,可通过对行为准则做出有约束力的承诺使其产生效力。

欧盟以地理区域为基准的充分性保护要求,有利于在欧盟区域建立统一的个人数据跨境流动标准,但对于第三国或国际组织仍存在一定的法律适用负担及数字贸易跨境成本。

4.俄罗斯的数据跨境流动规制原则:数据主权捍卫优先

各国数据跨境流动法律规制的制定都是基于自身利益的考量,偏重自由流动还是数据本地化要视该国数字经济发展状况而定。有的国家只要求境内存储数据副本,在数据跨境流动之前进行本地数据备份,就可以在境外存储、处理、加工、访问,以实现数据自由流动和数据安全的平衡。

与欧盟将网络环境下的隐私权作为一项基本人权而给予数据自下而上的保护不同,俄罗斯以数据主权为前提给予数据自上而下的保护,以数据本地化存储的方式限制数据跨境流动,强制性要求对于其公民数据的存储和处理必须在其境内进行,强制实施数据本地化存储,从而实现维护国家安全和数据主权的目标。通过数据本地化,俄罗斯政府加强了对数据的控制强度,扩大了执法权。

俄罗斯采取的数据主权优先原则要求数据在境内存储而实现本地化,这在很大限度上可保证数据主权和数据安全,但数据存储本地化要求及市场准入限制阻碍了本国数字贸易的发展。这种封闭式的数据流动规制也使得不少互联网跨国公司难以正常运营而退出俄罗斯市场,因此是一种以失去数字贸易正常发展为代价的极端数据主权保护。美国贸易代表办公室曾在相关报告中认为俄罗斯的数据流动规制妨碍了数据跨境流动并违反了国际贸易法。

俄罗斯第 242—FZ 号联邦法律指出,对俄罗斯公民个人数据的收集、记录、整理、积累、存储更新、修改和检索均应使用俄联邦境内的服务器。

俄罗斯于 2006 年实施的《俄罗斯联邦个人数据法》对个人数据的跨境移转提出了同等保护要求。该法规定,在进行个人数据跨境流转前,数据处理者有义务确认数据跨境流转的其他国家保证对个人数据主体权利进行同等保护;具有同等数据保护水平的其他国家实施的个人数据跨境流转依照本法进行;为了保护俄罗斯联邦宪法制度体系,维护道德,保护公民权利及保障国防和国家安全,可以终止或限制数据跨境流动。

俄罗斯于 2014 年修改的《关于信息、信息技术和信息保护法》对于互联网信息传播组织者的义务增加了要求境内留存的规定:自网络用户接收、传递、发送或处理语音信息、文字、图像、声频或其他电子信息六个月内,互联网信息传播组织者必须在俄罗斯境内对上述信息及网络用户个人信息进行保存;其第 16 条第 4 款规定,信息拥有者和信息系统运营商有义务将收集、整理、存储、更新、修改、使用俄罗斯公民个人信息的数据库存放在俄罗斯境内。《俄罗斯联邦个人数据法》第 18 条规定,收集个人数据的运营商需要保证必须使用位于俄罗斯境内的数据库。

2017 年 7 月 31 日,俄罗斯个人信息保护机构发布了隐私政策指南,该指南强调,如果存在与第三方共享个人信息的情况,个人信息控制者不仅应当列出第三方的名称、地址、类型,还应列出第三方的具体身份。这一高要求体现了其数据本地化的强度,增加了俄罗斯数据跨境流动的难度。

俄罗斯是《关于个人数据自动处理方面保护个人公约》("108 号公约")的缔约国之一,俄罗斯颁布的《联邦数据保护法》承认"108 号公约"的 53 个缔约国具备了保障个人数据安全的能力,将其列入了白名单国家。

5. 澳大利亚的数据跨境流动规制原则:本国利益综合平衡

澳大利亚没有美国在信息技术和数字贸易方面的强大实力,因此,对于数据跨境流动,不可能采取美国式的宽松自由立场,也不可能采取俄罗斯式的封闭限制政策。对于数据跨境流动,澳大利亚结合本国的实际,最大限度地与已有的国际条约标准及主流国家的立法保持兼容,同时设立一些符合本国特定利益的数据流动制度。

澳大利亚对于数据跨境流动采取分类管理,对金融、个人健康等数据禁止跨境流动;同时,对同类数据采取分级管理,如将政府数据区分为需要额外安全保护的数据和不需要额外安全保护的数据。在安全评估方面,澳大利亚采取强制规定和推荐指南相结合的方式,减少了政府的监管成本及企业的运营成本。澳大利亚的隐私保护法律与欧盟 GDPR 的规定基本是兼容的。

6. 印度的数据跨境流动规制原则及立法价值取向

印度也是实施数据本地化和限制数据跨境流动的国家,并且在这方面进行了很多立法实践,这些立法文件体现了印度在数据跨境流动法律规制方面的立法态度和相关的政策倾向。

1993 年,印度通过的《公共记录法》规定:"除了'公共目的'以外,禁止向印度境外传输公共记录。"随着数字经济的发展,印度于 2018 年颁布了《电子药房规则(草案)》《个人数据保护法(草案)》及《印度电子商务:国家政策框架(草案)》。《个人数据保护法(草案)》区分了数据类型,将个人数据分为三类:一般个人数据、敏感个人数据和关键个人数据,并且相关的实施机制与欧盟 GDPR 框架下的数据跨境流动机制相类似。但是在数据本地化方面,该草案规定:"对于一般个人数据和敏感个人数据,数据受托人应至少在印度境内的服务器或数据中心中存储一份其处理的个人数据副本,印度中央政府基于国家因素的考量可豁免一般个人数据的本地化义务;印度中央政府认定的关键个人数据只能在印度境内的服务器或数据中心处理。"

印度限制数据跨境流动的价值取向和考虑因素与俄罗斯有所区别,印度更多的是基于数据本地化带来的数据价值本地化,在数据流动全球化和促进本国数字经济发展之间谋求利益的平衡。《印度电子商务:国家政策框架(草案)》指出,初创公司的数据传输、跨国企业内部的数据传输、基于合同进行的数据传输等可豁免数据本地化。从相关规定可以看出,印度规制数据跨境流动的背后体现的是充分利用印度用户市场的数据资源,推进当地数字基础设施和数据中心建设,通过数据本地化促进本土数字产业发展的理念和价值取向。

(三)我国数据跨境流动规制的立法现状和问题

1. 立法现状概述

(1)2011—2016年的部分重要领域立法

此阶段,各个行业的数据跨境流动规制强度不一样,缺少统一规定。数据跨境流动规制的义务主体是信息设施运营者,数据类型为该领域信息运营商采集到的个人信息,以及经过处理后生成的重要的业务数据。这一阶段的特点是数据以本地存储为主,数据本地化强度较高。

中国人民银行于2011年颁布的《关于银行业金融机构做好个人金融信息保护工作的通知》第六条规定,在中国境内收集的个人金融信息的储存、处理和分析应当在中国境内进行。除法律法规及中国人民银行另有规定外,银行业金融机构不得向境外提供境内个人金融信息。

2013年,中国工业和信息化部颁布了《信息安全技术公共及商用服务信息系统个人信息保护指南》,该指南第5.4.5条规定,"未经个人信息主体的明示同意,或法律法规明确规定,或未经主管部门同意,个人信息管理者不得将个人信息转移给境外个人信息获得者,包括位于境外的个人或境外注册的组织和机构"。

《征信业管理条例》规定征信机构对在中国境内采集的信息的整理、保存和加工,应当在中国境内进行;《地图管理条例》规定互联网地图服务单位应当将存放地图数据的服务器设在中国境内,并制定互联网地图数据安全管理和保障措施;此外,涉及人口健康、网约车等的数据也都被要求在中国境内存储。

可见,我国对于一般个人数据,以及涉及金融、健康等的个人数据都严格限制向境外转移。

(2)2016年至今逐渐统一的立法

《网络安全法》于2017年正式实施,该法首次设立了我国的数据跨境流动安全评估制度。针对数据跨境流动问题,《网络安全法》第37条规定:"关键信息基础设施的运营者在中华人民共和国境内运营中收集和产生的个人信息和重要数据应当在境内存储。因业务需要,确需向境外提供的,应当按照国家网信部门会同国务院有关部门制定的办法进行安全评估;法律、行政法规另有规定的,依照其规定。"由此规定了以关键信息基础设施的运营者为规制对象的数据本地化和数据跨境流动的安全评估制度。

为保证法律规则的有效实施,国家互联网信息办公室针对个人信息和重要数据保护于 2017 年出台了《个人信息和重要数据出境安全评估办法(征求意见稿)》,对数据跨境流动做出了相对较为详细的规定,设立了个人数据和重要数据跨境流动安全评估的基本框架。该意见稿不仅规定了进行安全评估的部门、评估的对象、重点内容、方式等实体规则,还对评估的周期和时间等程序性规则做出了较为详细的规定;该意见稿将数据出境安全评估的责任主体由《网络安全法》中的"关键信息基础设施的运营者"扩大到所有的"网络运营者",并根据具体情形规定了"自行评估"和"行业监管部门评估"两种安全评估形式:网络运营者在数据出境前应自行组织对数据出境的安全评估;网络运营者每年应对数据出境情况进行安全评估,并将评估情况报告行业主管或监管部门;当数据接收方情况变化较大时则应重新进行安全评估;对于大量或传输范围特别大或者特殊类型信息的跨境传输,网络运营者应报请行业主管或监管部门组织安全评估。

2019 年 6 月 13 日公布的《个人信息出境安全评估办法(征求意见稿)》借鉴 CDPR 设立的数据跨境转移标准合同条款,规定了网络运营者与境外个人信息接收者签订数据合同的必要条款,并将该合同作为企业申请个人信息出境安全评估所必须提交的材料之一;同时,还对安全评估行政机构、安全评估的触发机制和具体流程、安全评估内容、出境记录保存义务、个人信息主体追偿等问题进行了细化规定。

我国的数据市场具有本土特征,拥有基本完整的网络信息产业链,但信息技术基础能力落后于美国和欧盟;拥有全球最丰富的数据资源和应用场景,也有拓展世界数字贸易市场的需求。因此,我国的数据跨境流动管理政策必须体现本土的需求和特点。

2. 存在的问题

虽然我国的数字经济发展迅速,但我国相应的规制数据跨境流动的规章制度还不够完善,且整体的立法理念趋于保守,这在一定程度上阻碍了我国数字产业的进一步发展。建立能与国际法律规制接轨、具有较强实用性的数据跨境流动规制有利于我国更好地参与数字贸易的国际治理,也有利于我国数字产业的进一步发展。

（1）没有对不同类型的数据进行区分规制

个人数据是数据跨境流动中最重要的且数量最多的数据,数据跨境流动中最有争议的数据类型也是个人数据,但从国家规制角度出发,医疗、科技、特定行业、电子政务等领域的非个人数据同样重要,应将规制范围覆盖各种类型的数据,从而更加系统和完整地研究规制数据跨境流动的规则体系。

纵观数据跨境流动的现有规制机制,一般都规定一国政府可基于国内公共利益保护而针对具体行业或具体数据类型制定专门的限制和禁止条款。在数据分类的问题上,一些国家认识到重要数据本地化存储的重要性,纷纷对重要数据的跨境流动采取限制甚至禁止的规定。在印度的电信许可协议中,规定各类电信企业（包括互联网服务提供商）,不允许将用户的账户信息、个人信息（除了外国用户的漫游信息）转移至境外,违反这一规定的企业可能会被吊销营业许可证。美国虽然整体上奉行数据跨境自由流动,没有明确的法律规定限制数据的跨境流动,但是美国一般会要求国外的网络运营商与电信小组签署安全协定,要求其将通信数据、交易数据、用户信息等仅存储在美国境内,而且国内通信基础设施也应位于美国境内。

在保证安全的基础上,国际上普遍倡导普通个人数据的自由流动,可通过问责制、合同干预等不同形式对数据跨境流动进行管理,如欧盟对数据跨境流动的处理采取合同干预的模式,由数据保护部门规定数据跨境处理合同中应当包括的关于安全管理的标准格式合同条款。

《网络安全法》第37条没有对数据进行分类,将个人信息和重要数据并列,采用相同的数据处理办法,即都要求数据本地化,这导致难以在适当的情况下实现普通个人数据的跨境流动。同时,对个人信息和重要数据没有进行明确界定,对重要数据的列举无法完全覆盖现实中的数据类型,无法界定何为普通个人数据,何为重要数据。

确定隐私的内涵是规制数据跨境流动的重要前提之一,隐私权的范围与个人信息的法律界定关系到数据跨境流动监管的对象及分类分级监管的实施,未对隐私和个人信息之间的区别和联系进行清晰界定,就难以有效推进我国的数据跨境流动监管工作。

（2）评估主体的责任不明确

《网络安全法》第37条对关键信息基础设施的运营者提出了要求,即境内产生的个人信息和重要数据出境前应经过安全评估。在此框架下,国家互联网信息办公室和国家信息安全标准化技术委员会先后出台了《个人信息和重要数据出境安全评估办法(征求意见稿)》《关键信息基础设施安全保护条例(征求意见稿)》《信息安全技术数据出境安全评估指南(征求意见稿)》《数据安全管理办法(征求意见稿)》等办法和指南,在保障网络信息依法有序自由流动的同时,针对个人信息和重要数据的出境提供安全评估和风险管理办法。现有对数据跨境流动的安全风险评估以数据源机构申报为主,相关部门基于制度办法进行评估。

可见,我国的监管机构采用多主体分散评估模式,这一模式易导致评估标准不一致,且在多方评估主体之间可能存在互相推诿安全评估责任或者重复进行评估而造成公共资源浪费的情况。因此,我国有必要设立专门监管数据跨境流动的机构。同时,我国相关法律法规没有明确数据安全评估主体的具体职责及法律责任,容易导致监管部门忽视对企业数据的保管而发生商业秘密泄露的情况,对企业造成损失。

其他国家或地区的数据跨境流动管理往往依靠多元化的管理手段,比如对数据跨境流动进行分级分类管理,实施数据跨境流动格式合同管理、安全协议控制等。据此,可以对评估主体进行分类,明确各个评估主体的相应职责和义务。

(3)评估内容的难度较大

我国相关法律规制中规定的评估内容包括数据属性和数据出境发生安全事件的可能性。当企业有数据跨境流转需求时,需要自行评估数据出境发生安全事件的可能性,需要对数据转入国数据安全方面的法律规制有所了解,还需要调查数据安全事件发生后的追责机制,这对企业来说评估难度较大,可能会限制数据跨境业务的发展。

《个人信息出境安全评估办法(征求意见稿)》取消了《个人信息和重要数据出境安全评估办法(征求意见稿)》第7条网络运营者的自行评估程序及第9条要向有关部门申报安全评估的前置条件,要求所有个人信息出境活动都需要向省级网信部门申报安全评估,提高了网络运营者的合规要求;此外,还规定,向不同的接收者提供个人信息时,要分别申报安全评估,但如果向同一接收者多次或连续提供个人信息则无须进行多次评估。这一规定减轻了有固定的信息接收者网络运营者在安全评估方面的负担,但对于其他网络运营者来说,评估的难度和负担仍然很大。

我国相关法律规制中规定的评估内容比较复杂,对企业的评估能力有较高要求,可能导致很多处于起步阶段的中小企业难以承担而放弃海外业务的拓展。因此,数据跨境流动法律规制的执行难度会影响中小企业对于跨境业务的参与度和创新能力,我国在建构本土的数据跨境流动法律规制时,应当尽量考虑其可实施性和企业的成本承受能力,以免对数字经济产生抑制作用。

3. 我国数据跨境流动法律规制的本土建构及完善

数据跨境流动的法律规制应在商业利益与个人隐私、数据安全保障与数据流动、本土特征与国际标准之间做出价值选择。

我国现有的涉及数据跨境流动方面的法律规制的实际操作性和灵活适应性不强,企业的主体责任也不够明确,给我国数字产业的进一步发展带来了不利影响。由于国内尚未建立完整的关于数据跨境流动的规则,我国难以在国际规则谈判中发挥影响力,难以在国际规则建构中体现我国的贸易利益。

通过分析上述四个主要国家和地区关于数据跨境流动的法律规制,结合我国个人数据跨境流动的立法现状,笔者发现我国在相关立法上存在没有区分规制的对象和建立相应的规则、评估主体的责任不明确、评估内容的难度较大等问题。基于与国际数据跨境流动法律规制尽可能地接轨、在保护自身利益的同时兼顾数据跨境流动的目的,笔者对建构本土的数据跨境流动法律规制提出以下三点建议。

(1)区分规制对象和规制措施

《网络安全法》不足的一点就是它对个人信息和重要数据没有进行区分。2020年,中国国家标准《信息安全技术重要数据识别指南(草案)》明确提出了重要数据的分布,不再采用行业分类方式,而是从数据的作用、受破坏可能产生的影响等角度,将重要数据分为国民经济运行类、安保类、自然资源与环境类、健康类、敏感技术类、用户类及政府工作秘密类。《中华人民共和国数据安全法(草案)》(以下简称《数据安全法(草案)》)采取目录方式建立重要数据保护制度,其第19条第2款规定,"各地区、各部门应当按照国家有关规定,确定本地区、本部门、本行业重要数据保护目录,对列入目录的数据进行重点保护"。《数据安全法(草案)》在一般数据安全保护义务之上,对重要数据的处理者规定了增强型保护义务,其第 25 条第 2 款规定,"重要数据的处理者应当设立数据安全负责人和管理机构,落实数据安全保护责任"。其第 28 条规定,"重要数据的处理者应当按照规定对其数据活动定期开展风险评估,并向有关主管部门报送风险评估报告。风险评估报告应当包括本组织掌握的重要数据的种类、数量、收集、存储、加工、使用数据的情况,面临的数据安全风险及其应对措施等"。可见,《数据安全法(草案)》并未直接明确重要数据的认定和统一、可操作的保护制度,而是授权各地区、各部门自行制定。

《数据安全法(草案)》第 19 条第 1 款规定,"国家根据数据在经济社会发展中的重要程度,以及一旦遭到篡改、破坏、泄露或者非法获取、非法利用,对国家安全、公共利益或者公民、组织合法权益造成的危害程度,对数据实行分级分类保护"。但其只是提出了分级分类的基本要求,并没有规定完善的数据分级分类制度,数据分级分类的标准和界定方式并不明确。为了实现数据安全与数据交易发展之间的平衡,应考虑按照对国家安全和重大公共利益的重要程度将不同领域的数据划分为"重要数据""受控数据"和"一般数据","重要数据"和"受控数据"应被排除在《数据安全法(草案)》第 17 条规定的数据交易管理制度及第 30 条规定的数据交易中介服务制度范围之外,而允许"一般数据"无条件开放。

因此,基于数据自由流动与数据本地化需求之间的平衡,从保护和利用的角度出发,应严格区分普通个人数据与重要数据,制订适合数据跨境流动管理的数据分类方案,对不同的数据采取不同的规制措施。

对于普通的个人数据,法律规制应聚焦于数据自由流动的现实需要与确保数据安全之间的平衡,只要能够确保个人数据的安全,则应尽量实现数据跨境流动,充分发挥其对数字贸易的促进作用。

对于一般的政府数据及行业数据,可在保证安全的基础上,采取有条件的限制跨境流动的管理措施,如采用审查许可、登记备案等措施,也可采用问责制、合同干预等不同形式的数据管理方式。从 OECD 制定的《关于隐私保护与个人数据跨境流动的指南》和欧盟通过的《一般数据保护条例》的规定可以看出,虽然欧盟强调个人数据的保护,但在保证监管到位的情况下,仍然允许个人数据的跨境流动。

对于与国家公共安全及经济安全有紧密联系的重要数据或敏感个人数据

的跨境流动,应采取限制甚至禁止的规定。此类数据同时也可能不存在因其自由流动而促进国际数字贸易发展的作用,为了保障国家安全和社会安全,应尽量限制其跨境流动。例如加拿大对银行金融数据、美国对政府云服务数据和一些重要技术的数据实施严格的限制跨境流动的措施。

明确禁止或限制数据跨境流动的标准和范围,能够使数据运营商更好地应对数据处理问题,减少数字贸易产业发展的阻碍。例如美国通过制定受控非秘密信息(controlled unclassified information)清单来界定重要数据的范围,其详细列出了 17 个门类的数据信息,对这些重要数据采取较为严格的管理措施。因此,我国应当基于数据自由流动和数据本地化的诉求,严格区分规制的对象,采取相应的不同规制措施。

《民法典》第 1034 条规定,个人信息中的私密信息,适用有关隐私权的规定;没有规定的,适用有关个人信息保护的规定。同时,第 1034 条也规定了个人信息的定义。显然,据此并不能明确个人信息中的私密信息的范围。理论上,隐私与个人数据之间的关系可以从三个方面理解:狭义的隐私,即未经允许不得传播的数据;个人一般信息,即体现为无禁止可传播的数据;大数据,即规模化且去个体化识别的数据。但仍需进一步在法律上厘清三者之间的具体区分标准。

2017 年 5 月 27 日,全国信息安全标准化技术委员会对外发布了《信息安全技术数据出境安全评估指南(草案)》,其附录 A 详细列举了 27 个行业及其重要数据类别,并说明了在其他行业判断重要数据的标准;其附录 B 依据敏感度对个人信息进行了分类,并规定采取不同的出境安全评估方式。

(2)以数据分级为基础的梯度管制

根据数据的安全属性建立分级制度并实行梯度性管理。通过区分个人数据和重要数据,采取相应的数据跨境流动管理方式,同时依据数据的安全属性进行梯度管理,这符合安全与发展并重的原则。具体来说,就是根据数据的多维特征准确确定各类数据的敏感程度,为相关数据的流动共享或者本地化存储要求提供准确的标准和依据,从而对数据进行有效的管理,实现数据价值的最大利用。应考虑对国家安全和公民权利保障的重要程度,依据相关数据的泄露可能对国家安全和个人权利产生危害的程度来确定等级。

印度在《个人数据保护法(草案)》中将个人数据划分为一般个人数据、敏感个人数据和关键个人数据,对不同的数据提出不同的规制要求,体现了数据分级管控理念。

澳大利亚的政府官方数据分为两种:需要额外安全保护的数据和不需要额外安全保护的数据。对于需要额外安全保护的数据采取保护性标识与不同管理措施相结合的保护方式。保护性标识分为三种:一是安全分类标识,二是传播限制标识,三是警告标识。标识包括数据需要保护的机密性以及数据使用、存储、传送等需要满足的保护性措施。数据主管机构可制定分类指南帮助相关人员对数据进行分级确定。根据保护性标识的不同,澳大利亚规定了不同的保护措施,《政府数据安全分类系统》规定了三种具体的保护手段:一是程序性的,仅允许合格的雇员访问、使用、处理、传送。二是物理性的,如对在工作区域访问和存储数据进行限制。三是技术性的,如设置防火墙和数据匿名化;如数据不需要保护,则不标注或标注为"未分级"。澳大利亚并不禁止一般个人数据的跨境流动,澳大利亚《隐私法》(1988 年)规定,如果能够根据情况采取适当的措施,确保自己及境外数据接收者的行为没有违反澳大利亚隐私原则的规定,则可以向澳大利亚境外的数据接收者披露用户个人数据。但个人健康数据的跨境流动在一般情况下是被禁止的,澳大利亚《个人控制的电子健康记录法》第七十七章禁止可识别个人身份的健康数据向澳大利亚之外的地区传输,除了某些例外情况,不允许数据控制者在澳大利亚境外处理或存储上述数据以及许可他人从事上述事项。

我国的数据跨境流动法律规制也可以根据个人数据的敏感程度实施个人数据分级,从而对个人数据的跨境流动实现精准管控。

对于普通个人数据允许跨境流动,但数据流入国应满足一定的安全认证要求。国际上一般并不禁止普通个人数据的跨境流动,如欧盟 GDPR 主要通过问责制、格式合同管理等方式对普通个人数据的跨境流动进行管控,要求数据控制者以符合法律规定的原则和方式处理个人数据。同时可以参考 GDPR 的数据主体同一模式,即在数据跨境传输之前须获得数据主体的明确同意,并且须告知个人数据主体详细的传输信息,如数据出境的目的、类型、可能存在的风险、数据接收方的相关情况、网络运营者的联系方式,且在隐私规则发生较大变动时须重新获得个人数据主体的同意。

对于商业数据或政府和公共部门的一般数据和行业技术数据,采取有条件地限制跨境流动的管理措施,如澳大利亚将政府信息分级,其中的非保密信息经过安全风险评估后方可实施外包。美国对军用和民用行业的技术数据的跨境传输实施许可管理,提供数据处理服务的主体或掌握数据的主体在输出数据前必须得到法律规定的出口许可证。

虽然对于重要数据的范围界定不同,但相关国家通常对涉及国家安全和社会公共利益的重要数据施行数据本地化管理,严格禁止出境。例如澳大利亚规定,安全等级较高的政府数据不能存储在离岸公共云数据库中;韩国通过的《信息通信网络与信息利用保护法》规定,通信服务提供商应采取必要手段,防止有关工业、经济、科技等的重要信息通过互联网向国外传输;美国禁止外资通信公司将用户的通信数据和个人数据存储在境外。

场景差异会形成数据的不同价值和安全风险,应根据数据在各类场景下不同的安全需求对其进行分级分类保护。《网络安全法》第21条规定,网络运营者应当采取数据分类、重要数据备份和加密等措施。《数据安全法(草案)》第19条规定,国家对数据实行分级分类保护。因此,数据分级分类的主体既可以是网络运营者,也可以是国家,国家对数据进行分级分类,不仅要确定重要数据的目录,还要结合典型的数据应用场景确立基本的数据分级分类规则,以便为制定数据分级分类目录、技术标准和企业数据安全管理提供较为明确的统一指引。数据分级是数据分类的一种表现形式,是数据分类之后采取的安全等级规则,在数据安全立法中,国家应根据数据对国家安全、公共利益或公民、组织的不同价值和可能的损害结果,对不同类别的数据采取严格保护、内容监管、鼓励流动、强制公开等不同的管理方式,并对不同级别的数据采取不同的数据处理规则。具有公共属性的数据也被称为公共利益数据,由政府部门或网络运营企业收集、存储,但属于社会中各类人力资源、财产资源共同参与创造的,可以在政府和企业之间相互共享,也可以基于公共利益目的对外开放。

目前,我国倾向于采取"事前申报备案"的方式对个人数据出境进行规制,关于豁免、例外的规定较少。在确保数据传输安全、维护公共利益及个人合法权益、尊重个人数据自决权、提高商业活动效率的前提下,应促进数据跨境自由流动,推动数字贸易的发展。可供参考的数据出境豁免场景包括但不限于:①个人的授权同意;②个人出于私人或家庭活动需要主动公开(如拨打跨境私人电话、发送跨境私人邮件、进行跨境即时通信等);③履行法律义务的需要(如配合执法机关调查、履行司法协助义务等）；④保障公共利益的需要；⑤司法与执法的需要；⑥履行合同义务的需要（如使用境外云盘、进行跨境电子商务交易等）；⑦出于内部管理目的在企业集团内部进行跨境数据传输（如雇员人力资源数据转移、雇员财务管理数据转移及客户常规数据梳理与转移等）；⑧海关、税务、金融等相关数据跨境传输；⑨数据输入地区的数据保护水平与输出国相当（类似于充分性保护认定白名单）。

大数据发挥价值的前提在于算法分析，数据保持生命力的方式在于流动，这样才能体现出数据承载的信息的价值。数据必须流动才能充分发挥价值，需要在数据采集、传输、存储、处理（包括清洗、计算、分析、可视化等）、交换、销毁等数据全生命周期落实安全保障，数据的分级分类管理是数据全生命周期安全保护的重要基础。数据分类主要依据"关系"，从业务角度理解数据的本质、属性、权属及其相关关系，了解数据如何被利用，明确哪些数据属于哪个业务范畴，也就是类别。数据分类的维度包括：监管与合规、业务体系、功能单元、项目等，分类的覆盖范围需要与业务范畴相一致。分类不能太粗而导致某些数据不能精细归类，也不能过于细微而导致无数据可纳入归类，还需要考虑业务的发展，能够扩展或兼容将来的新数据。数据分级主要依据"特征"，从数据安全、隐私保护和合规要求的角度进行分级，常用的分级方法有：根据数据使用的敏感程度，如根据数据泄露或被破坏所造成的影响范围、影响对象、影响程度进行划分，敏感度不同的数据受到保护的程度不同，对外共享开放的程度也有差异；根据数据的关键程度，如根据数据对业务的重要程度进行划分；根据数据的司法管辖要求或国内外相关法律的要求进行划分。数据分级明确了各个级别数据的使用范围、管理方式及不同级别的数据在不同场景应采取何种安全策略。数据分级分类是一项持续性工作，随着数据量的增加、数据范围的扩展及数据使用场景和复杂度的增加，数据分级分类也需适时调整。

（3）建立充分性保护认定白名单机制

例如数据管理部门认定第三国对个人数据可提供充分性保护、第三国数据控制者及数据处理者能采取适当数据保护措施作为数据跨境流动的条件，即可向该第三国传输个人数据，无须其他国家行政机关审批许可，这是一种较为高效的数据跨境流动管理方式。

欧盟对于数据流动的规制提出了"相同保护水平"要求，通过"充分性保护认定"设立了一个白名单机制,欧盟委员会负责根据个人数据接收国的个人信息保护立法状况、执法能力以及是否存在有效的侵权救济机制等标准做出综合的评估,确定个人数据接收国是否可以达到与数据流出国相同的数据保护水平,从而为本国或本地区公民的个人数据安全提供保障。如果数据接收国获得欧盟的充分性保护认定而进入白名单,那么数据就可以自由跨境流动,这减少了数据跨境流动的成本,同时也可以保障数据跨境流动的安全性。

目前,我国的数据跨境流动规制存在评估内容难度较大的现状,因此,对于那些在数字贸易领域联系和合作较多的国家或经济体,我国对其进行"充分性保护认定"之后,可以将其确定为数据跨境流动的白名单国家,消除彼此之间的数据流动障碍和壁垒,使贸易合作伙伴之间可以及时获取数据和迁移数据,推动相互间数字经济的发展,例如马来西亚于 2017 年公布的个人信息传输白名单(草案),将包括中国在内的 23 个国家和地区认定为准许接收跨境个人数据的目的地。此外,还可以参考欧盟与美国之间建立的"安全港框架",提出针对性的法律规制或协议,以此来解决与无法通过"充分性保护认定"的国家之间的数据跨境流动问题。

我国还可以考虑以企业为单位开展白名单认证,让企业直接接入国际互联网,逐步建立对国外企业的数据备案和白名单管理机制。与此同时,加强对国外企业的事中、事后监管,在安全的前提下促进数据跨境流动,实现数据跨境流动法律规制的新探索。这样可以增强我国数字产业在国际上的影响力,利用市场化的机制进行行业自律,提高数据跨境流动的安全性和效率。

《信息安全技术数据出境安全评估指南(草案)》要求数据出境时须考虑数据接收方的技术保障能力和所在国的法律保护环境,并依此做出高、中、低三个等级的判定。这可以理解为白名单认证机制的雏形。

(4)发挥市场及行业监管与自律机制

单纯的事前行政许可方式不能适应数据跨境流动监管。一方面,以行政许可实施的事前监管在功效上难以管制以多种方式、多种渠道进行的数据跨境流动,往往只能增加形式上的行政负担和成本;另一方面,数据的跨境流动是绝对的,对数据跨境流动的规制是相对的,数据跨境安全评估的目的是服务于数据的流动,在保障安全的前提下促进数据流动。跨境数据数量大、类型多,单一被动的管理方式难以适应当前数据流动的发展,应建立多元化的数据流动管理方式。故,应为有序的数据流动提供多样化的安全评估和跨境渠道,使企业可通过多种可预期的数据流动机制实现数据传输需求,同时不违背数据安全和隐私保护的管制要求。

日本于 2017 年生效的《个人信息保护法》设定了三种个人数据跨境转移的法律标准:一是第三国或地区是日本认可的同等保护水平国家;二是数据进口方制定并运行了符合日本《个人信息保护法》要求的内部机制;三是数据主体同意。该规定类似于欧盟的"充分性保护"原则。日本于 2017 年 12 月公布了同等保护水平第三国列表草案,从法律制度、独立监管机构、共同理念、比例原则和经济促进五个方面认定是否具有同等保护水平。但同时,日本通过的《个人信息保护法》将个人数据跨境流动的第二种法律标准解释为可选择将 OECD 或 APEC 国际隐私保护标准作为符合日本《个人信息保护法》所要求的隐私保护水平的评判标准之一,这说明日本也接受了行业自律模式。

很多国家及地区已经意识到单一路径的数据跨境流动规制的不足,多元的法律规制手段有利于平衡个人数据自由流动与个人数据安全及隐私保护之间的利益冲突。我国可以结合本国国情,参考美国采取的安全性评估模式,要求网络运营者在产品或服务涉及向境外传输数据的情况下进行自我评估。也可根据安全评估标准,由政府制定指引性的数据跨境流动合同范本,合同条款明确不得跨境传输的数据类型,要求境内企业对其数据进行分类管理,禁止境外企业通过后门等方式获得法律、合同等禁止跨境传输的数据,引导企业在数据跨境传输中通过合同机制管控风险;涉及数据跨境流动业务的境内企业应当依据标准格式合同与合作方签订合作协议,并将合同副本提供给主管部门备案。我国的数据出境安全评估规则将规范的对象定义为"网络运营者",可以考虑进一步将"网络运营者"区分为"数据控制者"和"数据处理者",明确不同数据输出主体的角色定位以及相应的权利和义务,在此基础上主管部门可针对境内控制者与境外控制者、境内处理者与境外处理者之间的数据出境场景制定并发布标准合同条款,从而更有针对性地实现不同场景下的数据跨境传输。还可发挥市场和行业监管与自律机制,鼓励行业协会或其他中介机构制定数据跨境流动章程和规则,在数据出境安全评估中发挥作用。

(5)设立可操作性强的数据跨境流动安全评估办法

数据跨境流动安全评估制度主要涉及评估内容和评估程序两个方面。

评估内容的预设确定了数据跨境流动安全评估的门槛,有助于涉及数据跨境传输业务的企业或机构事先进行自我评估并实施相应的数据安全保障措施。确立评估程序有利于提高行政审核效率,透明、科学、高效的评估程序有利于维护本国数字贸易市场的稳定发展及竞争力。应从权利和责任两方面对数据跨境流动、外企在华开展业务、中国企业进入国际市场等可能涉及数据跨境流动的情形进行规范,如明确可进行出境传输的数据范围、评估流程、评估周期及对应的主管部门等。

同时,应保持评估与执法之间的灵活性协调。如果评估的结果显示仅涉及一般个人数据,且申请评估主体已采取了有效的保障措施,其侵害数据主体权益的可能性较小,则评估监管机构可采取低门槛进入、重事后追责的评估监管模式。如果评估的结果显示相关数据涉及国家安全及公共利益,则评估监管机构可采取高门槛严格审核,甚至要求相关数据必须本地化处理而不能向境外传输。对于营业额较低的小微企业,可以免除其部分评估要求,以利于其经营发展及市场竞争。

目前,我国对个人数据或隐私保护的执法机构及执法权过于分散且存在交叉,参考欧盟及美国的立法、实践及国际发展趋势,我国应设立独立的涉及个人数据的专门隐私保护执法机构,以利于参与国际组织的研讨和合作,逐步向国际数据安全保护标准趋同。同时,可以考虑设置公司形式的第三方认证机构,以行业自律形式推进个人数据及个人信息保护,减轻行政成本及司法负担。

第四节　个人信息保护

一、国际立法及实践

国际个人信息保护立法活动源于 20 世纪 70 年代。1970 年,德国黑森州通过了世界上第一部《个人数据保护法》,并成立了数据保护委员。根据联合国有关部门的统计,截至目前,全球有 100 多个国家和地区制定了个人信息保护法,形成了全球范围内引人注目的立法风潮。近年来,云计算、物联网、移动互联网等新技术、新业务的快速发展,给现有的个人信息保护法律制度带来了新的挑战,各国立法活动更加频繁。总体来看,表现为以下两大趋势。

(一)对现有的个人信息保护统一立法进行修订

主要代表是欧盟。欧盟于 1995 年制定了《关于个人数据处理保护与自由流动指令(95/46/EC)》(以下简称 95 年数据保护指令),该指令是欧盟区域内个人信息保护的基础性立法。欧盟各成员国依据该指令,分别出台了本国的个人信息保护法。然而,日新月异的信息技术使指令的主要原则及制度适用变得非常不确定,并导致欧盟各成员国对个人数据保护指令的理解与执行上出现了较大差异。2012 年 1 月 25 日,欧盟委员会发布了《有关"95 年个人数据保护指令"的立法建议》(以下简称《数据保护一般条例》),对 95 年数据保护指令着手进行全面修订。2015 年 12 月 15 日,欧洲议会、理事会、委员会三方机构在立法进程的最后阶段就欧盟数据保护改革达成一致。2016 年 4 月 14 日,欧盟立法机构通过最终版本的条例,新规将在官方正式发布 2 年后生效。

此外,日本、韩国等国家也对已有的个人信息保护立法展开修订工作。2016 年 3 月 22 日.韩国通信委员会(KCC)对《信息通信网络的利用促进与信息保护等相关法》进行了大幅修订,进一步完善了个人信息委托处理的规定,增加对个人信息保护相关负责人的要求,以及新增暴露的个人信息的删除和切断有关规定等。日本于 2015 年 9 月 9 日颁布了《个人信息保护修正法》,也针对当前技术产业发展增加了匿名信息、建立个人信息保护委员会、数据跨境转移等规定。

(二)在已有的个人信息保护立法框架下,积极制定云计算、移动应用商店、大数据等新业务的个人信息保护规则

2012 年 6 月 25 日,法国个人信息保护机构——国家信息与自由委员会发布了《云计算数据保护指南》,对云计算服务协议应当包含的因素和云计算的安全管理提出了建议。日本政府出台了《云服务信息安全管理指南》,对云客户和云服务提供商在个人信息保护方面应当注意的事项做出了规定。2012 年 8 月,日本总务省发布了《智能手机用户信息处理措施(草案)》,从保护智能手机用户个人隐私的角度,规定了智能手机用户信息保护措施。

美国联邦贸易委员会(FTC)的职责集中于促进贸易和消费者权益保护。随着信息通信技术和互联网的快速发展,消费者对于隐私保护的诉求越来

多。因此,近年来,针对移动互联网、云计算、物联网、大数据等新兴技术业务,对消费者带来的隐私及其他合法权益问题,FTC 发出更多的政策声音。2014年 5 月,FTC 发布报告《数据经纪行业——呼唤透明与问责》。在报告中,FTC提出,大数据即大生意(big data is big business)。数据中间商(data broker)——收集用户个人信息,并出售或者与其他第三方进行共享利用的经营者正在成为大数据经济的重要参与者。2016 年 1 月 6 日,美国联邦贸易委员会(FTC)跟进发布了题为《大数据:包容工具抑或排斥工具》*Big Data A Tool for Inclusion or Exclusion* 的研究报告,对大数据应用是否适用现有立法规定释放了明确的政策信号。2016 年 11 月美国联邦通信委员会(FCC)发布了《宽带互联网消费者隐私政策》,依照《1934 年通讯法》的要求,将已经普遍适用于通信技术和业务的隐私保护政策,适用到宽带互联网接入业务。

二、国内立法及实践

目前,我国个人信息保护以分散立法为主,尚未制定一部专门统一的个人信息保护法。现有立法通过"人格尊严""个人隐私""个人秘密""保障信息安全"等范畴对个人信息实现直接或间接的保护。例如,《中华人民共和国民法通则》《中华人民共和国治安管理处罚法》《中华人民共和国侵权责任法》《中华人民共和国居民身份证法》《计算机信息网络国际联网安全保护管理办法》等法律、行政法规中都涉及个人信息保护的条款。

近年来,在法规中直接对"个人信息保护"进行规定的趋势日益明显。2012年年底,全国人大常委会通过了《关于加强网络信息保护的决定》(以下简称《人大决定》),首次以法律的形式明确规定,保护公民个人及法人信息安全,建立网络身份管理制度,明确相关各方的权利、义务和责任,赋予政府主管部门必要的监管手段,对进一步促进我国互联网健康有序发展具有重要意义。为落实《人大决定》的要求,2013 年 7 月,工业和信息化部出台了《电信和互联网用户个人信息保护规定》(以下简称《保护规定》),该规定进一步明确了电信业务经营者、互联网信息服务提供者收集、使用用户个人信息的规则和信息安全保障措施等。

2016 年 11 月 7 日,全国人大常委会通过了《网络安全法》,并将个人信息保护纳入网络安全保护的范畴,《网络安全法》第 4 章"网络信息安全"也被称为

"个人信息保护专章"。《网络安全法》总结了我国个人信息保护立法经验,针对实践中存在的突出问题,将近年来一些成熟的做法作为制度确定下来。

(一)统一了"个人信息"的定义和范围

《人大决定》将其保护的信息界定为"公民个人电子信息",而 2013 年工业和信息化部的《保护规定》则采用了"用户个人信息"的表述。《网络安全法》中统一采用了"个人信息"的表述,并将个人信息定义为"以电子或者其他方式记录的能够单独或者与其他信息结合识别自然人个人身份的各种信息,包括但不限于自然人的姓名、出生日期、身份证件号码、个人生物识别信息、住址、电话号码等"。

(二)确立了个人信息收集使用的基本原则

《网络安全法》在《人大决定》和《保护规定》的基础上,充分吸收国际个人信息保护通行规则,确立了个人信息收集使用的基本原则。具体体现在五个方面:①合法正当原则,网络运营者收集使用个人信息必须出于正当目的,采用合法形式;②知情同意原则,要求网络运营者公开隐私规则,获得用户同意;③目的限制原则,网络运营者不得超范围收集、不得违法和违约收集;④安全保密原则,网络运营者不得泄露毁损个人信息,要采取预防措施、补救措施防止个人信息事故;⑤删除改正原则,网络运营者应当应个人要求删除违法、违约信息、改正有误信息。

(三)规定了相关主体的个人信息保护义务

对于网络运营者,要求其在收集使用个人信息的时候遵守《网络安全法》规定的基本原则,包括未经被收集者同意,不得向他人提供个人信息;应当建立网络信息安全投诉、举报制度,及时受理并处理有关网络信息安全的投诉和举报;积极配合网信部门和有关部门依法实施的监督检查。对于依法负有网络安全监督管理职责的部门及其工作人员,必须对在履行职责中知悉的个人信息、隐私和商业秘密严格保密,不得泄露、出售或者非法向他人提供。此外,任何个人和组织不得窃取或者以其他非法方式获取个人信息,不得非法出售或者非法向他人提供个人信息。

(四)规定了违反个人信息保护的法律责任,弥补了《人大决定》中没有罚则的不足

《网络安全法》第六十四条赋予了主管部门根据违法情节采取责令改正、警告、没收违法所得、罚款、责令暂停相关业务、停业整顿、关闭网站、吊销相关业务许可证或者吊销营业执照等层次分明的行政处罚措施。同时,第七十四条也规定了违反本法规定应当依法承担民事责任、治安处罚和刑事责任。通过建立完善的法律责任体系,《网络安全法》为公民个人信息保护提供了强有力的保障,也为主管部门在个人信息数据管理执法中提供了丰富的执法手段。

《人大决定》《保护规定》和《网络安全法》的相继发布,标志着我国个人信息保护工作取得了重大进展。《人大决定》以最高立法层级的形式对个人信息保护的要求做了明确规定,为各项工作的开展提供了上位法依据。《保护规定》从落实的角度对个人信息保护相关工作进行了细化,明确了责任主体、法定义务、罚则等。《网络安全法》则总结了我国个人信息保护立法经验,针对实践中存在的突出问题,将近年来一些成熟的做法作为制度确定下来。

此外,《征信业管理条例》(2013 年)、《刑法修正案(九)》(2015 年),以及司法解释《最高人民法院关于审理利用信息网络侵害人身权益民事纠纷案件适用法律若干问题的规定》(2014 年)等也分别在行业监管立法、刑事立法、民事立法方面进一步健全了我国的个人信息保护法律体系。

三、国内外对比

与国际社会个人信息保护立法相比,我国的个人信息保护法才刚刚起步,仍存在较大的差距和完善空间。

首先,我国尚未制定一部专门的个人信息保护法。以欧盟及其成员为代表的国家和地区先后制定了专门的个人信息保护法或者个人数据保护法,对个人信息保护相关制度进行了全面的规定。我国虽然初步建立了以《网络安全法》《人大决定》等为主体的个人信息保护法律体系,但是主要规定了个人信息保护的基本原则,对于一些具体制度和基本问题仍需要一部综合的、专门的个人信息保护法予以确立。

其次,我国个人信息保护相关规定的执法和实施相比于美国、欧盟等国家

存在较大差距。据统计,在具有专门个人信息保护立法的国家,通常都依法设立了个人信息保护专门机构,负责对个人信息保护法律的执行和监督,并且通过设定丰富的执法工具,强化个人信息保护执法。例如,英国个人信息保护机构信息专员办公室 ICO,其主要职责之一是根据法律授权,对政府和企业收集、使用和保存个人信息的行为进行监管,并对违反数据保护法的行为采取相应执法措施,执法监督手段多样,包括强制执行(承诺、罚款、刑事起诉、执行通知)、案件决定通告、审计监督、年度报告等。目前,我国个人信息保护主要是由各行业主管机构进行监督管理,例如金融行业由央行主管,电信互联网领域由工信部主管,消费者个人信息保护由工商总局主管。上述监管模式较为分散,执法标准不一,执法力度不一,也给不法分子留下了空子,亟须在监管体制机制上进行完善。我国新出台的《网络安全法》对这一重要问题没有明确。

最后,我国针对云计算、大数据等新技术、新业务的个人信息保护专门管理规则还不完善。如前所述,国际社会除了完善已有的个人信息保护立法,很多国家也针对云计算、移动 App、宽带互联网等新业务,积极弥补法规制度上的缺失,制定专门的个人信息保护规则。我国互联网新技术、新应用发展非常迅速,面临的个人信息保护问题也比较突出,但是相关法律法规配套相对滞后,这也是下一步各行业领域的立法和执法管理的重点。

第五节　访问和使用互联网原则

一、国际立法及实践

(一)立法实践

网络中立,通常指的是在法律允许范围内,所有互联网用户都可以按自己的选择获得访问网络信息的机会、运行应用程序、接入设备、选择服务提供商。这一原则要求平等对待所有互联网访问,防止运营商因商业利益控制传输数据的优先级,保证网络数据传输的"中立性"。

从当前国外立法情况来看,美、欧均出台了网络中立法案,但采取了不同的路线:美国采取了发布"禁令"的方式对互联网提供商(ISP)进行要求,十分严格;而欧盟采取了正面的原则性表述,以行为准则的方式向 ISP 提出要求,灵活性相对更大。

1.美国

实际上,美国网络中立法律政策经历了几次大起大落。奥巴马政府在 2011 年 8 月就曾实施网络中立指令,但是被运营商 Verizon 告上法庭,2014 年 5 月法庭判决网络中立阵营败诉。

在奥巴马的支持下,2015 年 2 月,规定网络中立政策的《网络开放条例》在美国联邦通信委员会(FCC)内部以 3∶2 的结果投票通过,要求互联网服务提供商(ISP)不能对互联网内容商进行与价格相关的差异化的服务策略,颁布了三条"禁令":①禁止封堵,即禁止对合法的内容、应用、服务、无害设备进行封堵;②禁止流量调控,即禁止对合法的内容、应用、业务或者无害设备的网络流量进行干预和调控,禁止损害或危及正常网络流量;③禁止付费优先,即禁止在公共互联网上设立"快车道",禁止在收受对价的基础上给予部分网络内容的传输以优先待遇(此条禁令同样适用于 ISP 自己的分支机构)。

特朗普上台后,任命了潘吉特(Ajit Pai)为新的 FCC 主席,这意味着网络中立政策未来可能发生变化。潘吉特从 2012 年开始担任 FCC 委员,当时是获得了时任总统奥巴马的提名,获得美国国会参议院审核通过。虽然是被奥巴马提名,但是在有关科技、电信的政策方面,潘吉特的观点和奥巴马并不完全一致。尤其在 2015 年《网络开放条例》FCC 内部投票时,时任 FCC 委员的潘吉特向网络中立投了反对票,之后又在《纽约时报》撰文,称"网络中立时日无多,存活期限正在倒数""国会和联邦法律从未授权给 FCC 出台中立法律"。与潘吉特不谋而合,当时还是房地产开发商的特朗普也发表推文,认为"网络中立是一种攻击行径,是奥巴马采取的自上而下的权谋"。

2.欧盟

2015 年 11 月,《欧盟网络中立条例》[Regulation(EU)2015/2120]出台,这标志着欧盟正式确立了关于网络中立的一般规则。根据《欧盟网络中立条例》,互联网接入商应当确保终端用户使用网络的权利,公平地对待所有互联网流量,不得屏蔽或者调控互联网流量。该条例主要包括三方面原则。

(1)平等原则

首先,保障互联网接入服务的终端用户的权利是基本要义,终端用户有权获得和发布信息和内容,有权使用和提供互联网应用等服务,有权自行选择使用何种终端设备。其次,互联网接入服务提供过程中互联网服务商的行为不得实质性地损害终端用户的上述权利。最后,互联网服务接入商进行流量管理时应当遵循平等原则。

(2)透明原则

首先,互联网接入服务提供商应当披露可能会影响互联网接入服务质量的相关信息、可能会影响终端用户权利的信息、终端用户可采取的救济措施等信息,并确保这些信息清晰准确、易于理解。其次,确保解决终端用户投诉的程序透明、简便和高效。该条例还提出成员国监管机构可以增加其他透明度要求,包括信息披露的内容、形式等。此外,成员国可以建立一个监督机制,监督互联网接入服务商提供的实际接入服务的性能,为消费者及时提供救济。

(3)非歧视原则

成员国监管机构应当密切关注互联网接入服务的发展,确保互联网接入服务的开放和透明,促进非歧视的互联网接入服务的提供。监管机构可以在有关技术特征、最低服务质量、其他适当且必要的措施等方面提出要求,还可以要求电信服务商披露其履行开放互联网义务的相关信息。

通过对上述原则的描述可以看出,"透明原则"和"非歧视原则"大致对应着美国的"禁止封堵、禁止流量调控",含义基本相同。

除了上述《欧盟网络中立条例》外,欧盟电信监管委员会(BEREC)于 2016年 8 月还出台了《欧盟网络中立规则实施指南》(以下简称《指南》),意在逐条解释《欧盟网络中立条例》,并为成员国执法机构提供执法指引,以维护网络中立规则的法律确定性。《指南》进一步明确了不得屏蔽、以流量调控的形式限制或者歧视任何网络内容、应用和服务的基本原则。此外,进一步限制网络接入商的流量管理行为,明确了流量管理的"透明、非歧视、合比例"原则。

(二)国外发展实践

一国网络中立规则的确立受到多重因素的影响。通常来说,电信和互联网两大行业的发展程度和博弈情况决定了网络中立规则的走向:传统的电信运营商通常反对网络中立,而互联网企业或者消费者则是网络中立的坚定拥护者,互联网企业希望获得开放的管道来保证自己服务的提供,新兴的互联网企业也可以在平等的条件下与互联网巨头相竞争。

以 Google、Facebook、Twitter 为代表的互联网公司一直是网络中立原则的忠实拥趸。他们认为,电信运营往往从自身利益出发,对传输数据制定优先级,导致一些网站的速度很慢,甚至网站的链接完全被阻断,从而损害互联网公司的商业利益。2014 年 5 月,包括 Google 在内的 100 多家互联网企业致信 FCC,督促 FCC 防范电信运营商在手机流量业务上制定带有歧视性的商业政策。

一直以来,运营商都反对将网络中立写进法案,他们表示,不会封杀哪个网站或服务,但会保留对"快速通道"的收费权。他们的主要观点在于,既然自己出资搭建了网络,自然应当享有对网络流量和内容的控制权,此外,依据"价高者得"的市场经济规律,也应当按照买方出价的高低为其提供质量不同的网络服务。很多运营商认为,Google、Facebook 等互联网公司已经形成市场垄断,这使得他们拥有了控制用户使用和开发应用的权利。

运营商的不满主要出于以下四个原因。

1. 认为 Google 等互联网公司占据了绝对优势的市场份额

西班牙电信 CEO Cesar Alieta 对外表示:"欧盟总是盯着我们的市场份额不放,说我们在一些国家(其实就是像爱尔兰这样的小国)的份额超过了 40%,可是他们也不看看,有的公司可是占了搜索引擎市场超过 90% 的份额。网络中立恰恰是由那些不希望实现中立的公司发明的。我们请求,欧盟能够对整个电信和互联网市场进行监管,让市场整体拥有公平的竞争环境,而不仅仅是盯着电信运营商不放。"

2. 认为网络中立会影响互联网服务质量

沃达丰 CEO Vittorio Colao 认为,公平对待所有的互联网流量不见得是一件好事,差异化的服务意味着愿意付费获取更好服务体验的用户能够得偿所愿。此外,差异化服务还可以优化网络流量的使用,尤其对于移动互联网服务来说。移动网络的流量本来就比较有限,一些对流量要求较高的服务将得不到质量的保证,如流媒体视频服务。

3. 认为网络中立原则可能让新的服务无法顺利推广

对于一些新上线的服务和应用,其服务提供商愿意花钱从运营商那里获取更优先的流量使用权,以对抗那些互联网世界已经非常成熟的竞争对手。除此之外,网络中立原则还可能造成有些新兴的服务根本没法使用,比如 Google 无人驾驶汽车需要的是大宽带、无延时的网络服务予以支撑,如果在开无人驾驶汽车的时候突然因为网络拥堵而发生了网络中断,那是非常可怕的。

4. 网络中立影响了运营商的兼并收购与市场扩张

在美国和欧洲这样的自由竞争市场,运营商林立,像沃达丰这样的大型运营商在进入其他国家市场时往往会选择并购该国的小型运营商,降低门槛,快速实现规模化。但与此同时,基于网络中立原则,一些国家对运营商的要求也越发严格,如取消漫游费、对牌照采用更一致的拍卖标准、将网络流量开放给所有服务提供商等。这将挫伤运营商进行市场扩张的积极性。

在学界,经济学家一般都反对网络中立,他们更关注双边市场、价格歧视、市场效率、拥堵经济学等问题,他们把网络中立看作是对经济福利、创新与投资的抑制。法学家一般都支持网络中立,他们更关注规制手段、言论自由、宽带计划、隐私权等问题。通信技术专家则从互联网结构、端对端设计、开放接入、网络协议等角度理解网络中立,认为所有数据应平等对待,因此,他们一般都持支持态度。政治学家关注的是民主参与和言论自由保护等公民权利问题,一般都偏向于将网络中立理解为民主权利的获取方式,也持支持态度。

二、国内立法及实践

我国至今没有明确提出网络中立规则的概念与适用方法。但根据我国目前电信行业市场竞争现状、近年来互联网行业的发展趋势以及现实中已经出现的案例,可以推断"网络中立规则"对于我国电信市场改革和互联网市场发展均具有一定影响。

(一)运营商拟对微信收费事件

2013年年初,曾发生了"运营商拟对微信收费"事件。3月31日,工信部部长苗圩在第二届"岭南论坛"上表示:"将支持电信运营商的合理化需求,微信可能会收费,但不会大幅收费。"但经过运营商、腾讯公司以及工信部的一系列表态,最终腾讯在4月5日声明:"针对用户,微信的基础业务不会收费。"从目前实践来看,腾讯履行了当初的承诺。运营商拟对微信收费事件特殊之处在于,支持运营商收费的观点认为,用户过于频繁使用微信会引发"信令风暴";微信通过频繁的小流量数据交互而保持永远在线,从而使网络收到的终端信令请求超过了网络各项信令资源的处理能力,引发网络拥塞以至于产生雪崩效应,导致网络不可用。但无论如何,"信令风暴"的本质还是对固有网络资源的一种占用,宽带运营商也正是以此作为对微信收费的理由。

(二)运营商与互联网企业合作推出流量卡

随着流量收入超过话音收入成为基础运营商主要来源,互联网业务对传统电信业务造成了强烈的冲击。近年来,我国运营商通过与互联网公司合作推出流量卡等模式,探索经营模式的转变。例如,2013 年 7 月,中国联通与腾讯就联合推出"微信沃卡",使购买这类电话卡的用户除了可以正常使用语音、短信、流量等服务外,还可以享受针对微信服务的九大特权,如免除该应用流量费用等。进入 2017 年,联通加大了流量卡业务的推广力度,与百度、阿里巴巴、腾讯联合推出专属号码产品(腾讯的大/小王卡、支付宝的蚂蚁大/小宝卡、百度的大/小神卡),分别针对三家企业所开展的主营业务,进行流量费用的抵免。

三、国内外对比

通过上述分析,我们可以看出我国虽然没有在法律层面对网络中立原则进行规定,但近年来运营商与互联网企业开展的实践实际上违反了网络中立的原则(与欧盟《指南》相比),运营商受利益驱动较为明显,更多地反映了市场经济"价高者得"的特点,并不是真正从"平等、透明、非歧视"原则出发的。

欧盟、美国关于"网络中立"的法律虽然较为健全,但其政策走向与政治、经济、文化等因素密切相关,具体条文也不适宜在我国直接进行简单复制。对于我国来说,目前最需要解决的是在没有"网络中立规则"立法的前提下,如何采取监管等手段解决损害消费者利益和市场公平竞争的问题。在行业内,优先以竞争政策和"网络中立规则"等核心内容作为指导,并充分利用现行竞争法律法规(《反垄断法》及配套法律法规)解决问题,或许才是现阶段我国贯彻"网络中立"立法初衷的有效路径。

第六章

促进国际数字贸易的能力建设

第一节　建设数字贸易规则体系

全球数字贸易促进需要以完善的国内数字贸易规则为前提,各国要根据本国的国情加快建立和完善国内数字贸易规则体系。

欧美等发达国家早在 20 世纪 70 年代就开始建立数字贸易方面的国内规则体系,特别是开始进行跨境数据流动方面的立法工作,随后在 20 世纪 90 年代不断完善。进入 21 世纪以来,随着数字贸易向纵深发展,从国家网络安全、个人消费者保护、知识产权、政府信息(包括数据)管理、网络服务提供商责任、网络交易税收制度和企业间数据标准制定等多方面加快了制定法律的步伐。同时,在数字贸易方面,无论数字技术,还是服务提供商拓展国际市场的能力,都具有超强的能力。

一、建立相应的个人数据保护方面的法规和管理机构

互联网从个人电脑时代进入移动互联网时代以后,个人可以通过多种轻便移动终端设备,随时随地进入网络空间,在享受互联网带来的便利的同时,为互联网源源不断地制作并且提供各种各样的数据。个人越来越离不开互联网,个人的一举一动都会在互联网上留下痕迹,这意味着互联网服务提供商和其他商业组织(乃至政府的管理部门)拥有了更加便利的收集处理各种个人数据的条件。其中,为用户使用互联网提供服务的企业,特别是为全球用户提供基础服务的互联网应用的大企业(如 Google 公司、Facebook 公司和苹果公司),在新一

轮的数据产业浪潮下,将具备更强烈的开发利用个人数据的愿望,在全面掌控和利用个人数据并且对此进行深度加工的过程中,也将享有越来越大的主动性和主导性。控制了大量个人数据的互联网公司,不仅可以用这些数据在提供更高质量的商品和服务方面获得主动权,还可以利用自己掌握的数据,精准分析用户的消费规律和背后的经济发展动态及经济发展走向。因此,个人数据保护方面的法律制定显得越来越重要。

个人数据保护立法起源于 20 世纪 70 年代的欧洲,世界上第一部专门关于个人数据保护方面的法律是瑞典于 1973 年颁布的《个人数据保护法案》,至今已经有 109 个国家或地区颁布了个人数据保护法律。从具体制定个人数据保护法律的时间看,各国在制定个人数据保护方面的法律不断加快,如表 6-1 所示。

表 6-1　个人数据保护法律颁布的时间分布

时间段	1970—1979 年	1980—1989 年	1990—1999 年	2000—2009 年	2010—2015 年 1 月
新法数量(部)	9	12	21	38	29
年平均量(部)	0.9	1.2	2.1	3.8	4.8
增长速度(%)	—	33.3	75	81	—

在个人数据保护基本原则方面,德国学者库勒(Christopher Kuner)认为,欧盟《数据保护指令》(DPD)主要包含六项原则:其一,合法原则。个人数据的处理需预先设定目的,并仅为此目的而处理数据。其二,终极原则。个人数据的收集需要有指定的、合法的、明示的目的,另行处理的,不能与该目的相悖,但在成员国提供适当保护的前提下,为历史、统计和学术目的所进行的进一步处理的情形除外。其三,透明原则。应当告知数据主体其个人数据的处理情况。其四,适当原则。个人数据的收集、处理应与指定的目的相适应,保护个人数据的充分性、相关性,不得过度收集、处理个人数据。其五,保密和安全原则。应当采取措施保证个人数据的保密性和安全性。其六,监控原则。数据保护监管

163

机构应当监控数据的处理过程。

为了执行个人数据保护方面的法律,各国政府部门通常设有一个专门行使相关职权或若干个分别行使部分相关职权的独立的数据保护机构(DPA)登记。拥有数据库的机构必须保护个人信息不被丢失、误用、未经授权访问、披露、变更和破坏。一些国家对数据安全越来越关注,开始采取细致的技术上和组织上的安全措施。

二、促进数字市场竞争和准入的法规建设

促进数字市场竞争和准入就是要加快建立企业进入数字服务部门的相关法律体系,特别是对具有管制或者资质要求的行业,同时,也要出台有关退出的法律。促进竞争就是要防止数字服务企业的垄断,与原来的行业部门的垄断特征不同,数字服务部门并不是以某个行业的垄断,而是以数据垄断为基础,因而要出台促进数字服务竞争方面的专门法律。

三、促进出台数字共享方面的法律

为应对数据共享涉及的企业用户和个人用户的隐私和安全问题,欧美等发达国家采用三种方式制定促进数字共享方面的法律:第一种方式是制定专门的数据共享法律;第二种方式是不断修改和完善已有的法律法规,使其不断适应外部企业数字共享所需要的环境变化;第三种方式是在国家的基本法律中设专门的数据共享相关的法律条款。

第二节 创新贸易银行结算系统

一、国际贸易结算与 SWIFT 体系

跨境贸易结算涉及进出口货物贸易[一般贸易、预收、预付、来料加工、退(赔)款、从属费用]、跨境服务贸易、其他经常项目结算、资本项目下结算报备制等。国际结算中,进口地银行与出口地银行之间根据选用不同的支付方式,通过代理行、清算行和银行间清算体系进行外汇与本币的结算如图6-1所示。

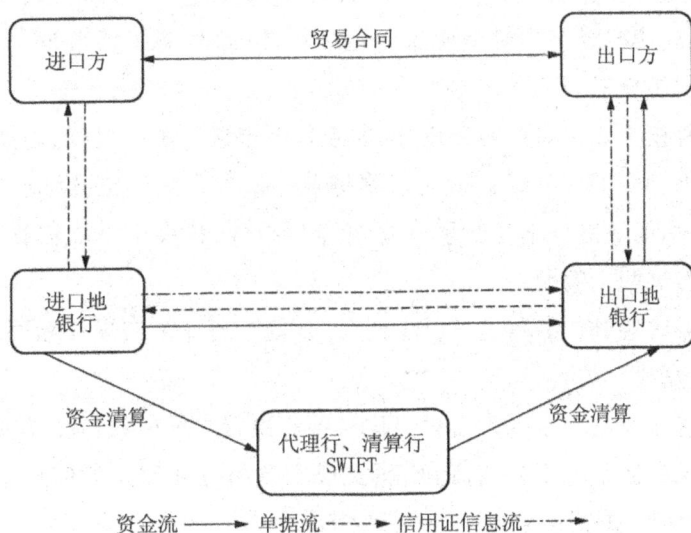

图 6-1　国际银行结算

　　环球银行金融电信协会(SWIFT)是国际银行同业间非营利性的国际合作组织,成立于 1973 年,全球大多数国家绝大部分银行已使用 SWIFT 系统。SWIFT 的使用,为银行的结算提供了安全、可靠、快捷、标准化、自动化的通信业务,从而大大提高了银行的结算速度。由于 SWIFT 的格式具有标准化,信用证的格式主要都是用 SWIFT 电文。

　　截至 2019 年 6 月,人民币业务仅占 SWIFT 全世界范围内所有跨境交易的 1.88%。环球银行金融电信协会获准在中国成立全资子公司,这是监管机构央行提高服务质量的重要步骤。发票和国际支付中文支持基础设施接入 SWIFT 将使这个过程对中国交易参与者来说变得更方便,并促使人民币进一步接入国际结算体系。

　　SWIFT 体系本质上是以美元为基础的美国贸易逆差并输出美元的后布雷顿森林体系,因此,美国贸易不平衡只有通过美元贬值来平衡国际收支平衡表,这对于发展中国家尤其中国这样的美国最大出口国而言有很大风险,是不利于稳定发展的。同时,中美贸易摩擦也促使中国寻求更为多样化、更稳定的国际货币结算体系。

二、发展金融科技,推广 CIPS 系统

　　贸易、投资推动人民币国际化趋势。对实体经济的直接投资会激发产业链

上下游领域的人民币需求,可以增加人民币国际化的网络黏性。在这个进程中,也会逐渐摆脱经济体对美元流动性的依赖,减少美国货币政策对于国际经济活动和贸易投资的干扰。

金融科技企业跨境投融资业务、国际货币市场与国际投资、短期信贷、可转让定期存单、商业票据、银行承兑汇票等业务增加。区块链技术应用于贸易结算跨境支付,区块链技术与跨境支付清算相结合,解决了跨境汇款手续费高和支付速度慢这两个问题。

一是将区块链作为跨境支付中的"黏合剂",理论上实现任意两种货币间的无缝、快速兑换。

二是将区块链技术视为支付机构与商业银行之间的接口技术,通过区块链将汇款信息广播给各个参与方,从而实现多方同时处理支付信息,将原本机构间的串行处理并行化,提高系统运行效率。

金融科技带给人民币国际化的创新方向,即发展金融科技创新支付工具、拓展跨境支付结算方式。

(一)创新支付工具:数字票据

目前,票据市场主要存在票据的真实性、划款的即时性、票据业务的繁杂性等问题,而区块链与数字票据相结合,可有效缓解这些问题。

1. 增强业务透明度,提升监管机构监管效率

票据中介良莠不齐,部分票据中介利用信息的不对称性违规经营,如伪造业务合同、多次转卖等,导致风险极高的票据流入商业银行体系,给票据市场交易带来潜在风险。借助区块链公开透明性、不可篡改性,商业银行可以向监管机构提供数字票据整个"生命周期"的数据,有助于支付结算、反洗钱业务的开展,有效打击偷税漏税行为。

2. 减少人力成本,提升银行业务处理效率

人工处理票据业务不仅需要花费大量时间,还容易出现操作误差。借助区块链分布式账本的特性,每个终端都可以处理票据业务,加速票据承兑、背书转让、贴现、转贴现、兑付等一系列核心业务处理速度,且各种业务规则通过智能合约编程的方式来实现,避免人为操作失误。

3. 提升划款速度,避免资金延期到账

票据到期后,承兑人往往未能及时将资金划入持票人的账户。利用区块

链、分布式账本技术和去中心的特性,支票转账无须中间机构进行核验,除了实现即时到账外,还可以进行跨行 P2P 转账,缩短了银行查验业务所需的时间。

(二)拓展跨境支付结算方式:CIPS

早在 2015 年,我国就研究出了本国的国际收支体系——人民币跨境支付系统(CIPS),作为 SWIFT 的替代方案。

该系统有助于直接使用人民币完成跨境支付,而无须开设往来账户,使进行跨境交易的费用和时间都减少。在世界范围内,各国都出现了绕过 SWIFT 系统使用人民币结算的备选渠道。

CIPS 的推出是人民币国际化的体现,也为其他国家与我国商贸往来中使用人民币互换提供一个通道,成为满足他国国际结算货币多样化、防范美元风险的一种新选择。

此外,数字技术还可以广泛应用于国际运输、物流仓储、运输保险等业务,提高数据安全性、真实性,从而支撑资金流与物流安全。

第三节　建设贸易试验区

自由贸易区(Free Trade Zone,FTZ)是指在贸易和投资等方面比世贸组织有关规定更加优惠的贸易安排,在主权国家或地区的关境以内,划出特定的区域,准许外国商品豁免关税自由进出。实质上是采取自由港政策的关税隔离区。狭义仅指提供区内加工出口所需原料等货物的进口豁免关税的地区,类似出口加工区;广义还包括自由港和转口贸易区。

2013 年 9 月至 2019 年 8 月,中国已经分多批次批准了 18 个自贸试验区,初步形成"1+3+7+1+6"的基本格局,形成了东西南北中协调、陆海统筹的开放态势,推动形成了我国新一轮全面开放格局。2017 年 10 月 18 日,党的十九大报告指出,赋予自由贸易试验区更大改革自主权,探索建设自由贸易港。2018 年 11 月 23 日,国务院印发了《关于支持自由贸易试验区深化改革创新若干措施的通知》。商务部数据显示,2019 年 6 月,自贸试验区吸收外资实现高速增长,自贸试验区实际使用外资同比增长 20.1%。

一、基本功能

自由贸易区内允许外国船舶自由进出,外国货物免税进口,取消对进口货物的配额管制,也是自由港的进一步延伸,是一个国家对外开放的一种特殊的功能区域。

自由贸易区除了具有自由港的大部分特点外,还可以吸引外资设厂,发展出口加工企业,允许和鼓励外资设立大的商业企业、金融机构等促进区内经济综合、全面发展。自由贸易区的局限在于,它会导致商品流向的扭曲和避税。如果没有其他措施作为补充,第三国很可能将货物先运进一体化组织中实行较低关税或贸易壁垒的成员国,然后再将货物转运到实行高贸易壁垒的成员国。为了避免出现这种商品流向的扭曲,自由贸易区组织均制订"原产地原则",规定只有自由贸易区成员国的原产地产品才享受成员国之间给予的自由贸易待遇。理论上,当制成品在成员国境内生产的价值额占到产品价值总额的50%以上时,该产品应视为原产地产品。一般而言,第三国进口品越与自由贸易区成员国生产的产品相竞争,对成员国境内生产品的增加值含量越高。原产地原则的含义表明了自由贸易区对非成员国的某种排他性。现实中,比较典型的自由贸易区有北美自由贸易区(North America Free Trade Area)。

二、主要特点

随着时间的推移,自由贸易区发展逐渐呈现以下三个特点。

(一)数量不断增加

最典型的是美国对外贸易区的迅速增长。20世纪60年代末70年代初,美国在全球经济中的地位开始下降,与此同时,美元贬值,失业人数增加。在此情况下,为了刺激对外贸易发展,各州纷纷设立对外贸易区。到1980年,全美的自由贸易区增加到77个,到1994年年底,美国自由贸易区已达199个,贸易分区达285个,总数为484个。

(二)功能趋向综合

随着自由贸易区数量的持续增长,自由贸易区的功能不断扩展。从20世纪70年代开始,以转口和进出口贸易为主的自由贸易区和以出口加工为主的自由贸易区开始相互融合,自由贸易区的功能趋向综合化。原料、零部件、半成品和成品都可在区内自由进出,在区内可以进行进出口贸易、转口贸易、保税仓储、商品展销、制造、拆装、改装、加标签、分类、与其他货物混合加工等商业活动。因此,世界上多数自由贸易区通常都具有进出口贸易、转口贸易、仓储、加工、商品展示、金融等多种功能,这些功能综合起来就会大大提高自由贸易区的运行效率和抗风险能力。

(三)管理不断加强

各国的自由贸易区在初创时由于条件不同、功能各异,管理水平相差较大,但是经过几十年的竞争发展,各国自由贸易区的管理已逐渐趋向规范化。而且随着科学技术的进步,自由贸易区的基础设施和管理手段大大改善,形成了各自颇具特色的管理体制。世界上四个主要的自由贸易区(阿联酋迪拜港自由港区、德国汉堡港自由港区、美国纽约港自由贸易区、荷兰阿姆斯特丹港自由贸易区)的管理机构权威性非常强。四国对自由贸易区管理机构授权上大体相近,都是港区合一,成立经政府授权的专门机构,负责管理和协调自由贸易区的整体事务,投资建设必要的基础设施,有权审批项目立项。特别是着眼于自由贸易区与城市功能的相互促进,超前进行整体规划和建设,极富特色和成效,带动了周边城市经济发展,尤其是在金融、保险、商贸、中介等第三产业发展上成效显著。

三、分类

(一)按性质分

就性质而言,自由贸易区可分为:商业自由区和工业自由区。前者不允许货物的拆包零售和加工制造;后者允许免税进口原料、元件和辅料,并指定加工作业区加工制造。

(二)按功能分

就功能而言,世界自由贸易区的功能设定是根据区位条件和进出口贸易的流量而确定的,并且随着国内外经济形势的发展而调整和发展。其主要类型有以下四种。

1. 转口集散型

利用优越的自然地理环境从事货物转口及分拨、货物储存、商业性加工等,最突出的是巴拿马的科隆自由贸易区。

2. 贸工结合、以贸为主型

以从事进出口贸易为主,兼营一些简单的加工和装配制造。这在发展中国家最为普遍,如阿联酋迪拜港自由港区。

3. 出口加工型

主要以从事加工为主,以转口贸易、国际贸易、仓储运输服务为辅,如尼日利亚自由贸易区。

4. 保税仓储型

主要以保税为主,免除外国货物进出口手续,较长时间处于保税状态,如荷兰阿姆斯特丹港自由贸易区。

第四节 国家网络安全与数字贸易

网络安全是数字贸易的最基本前提,因此,相关网络安全方面的法律是数字贸易安全的最基本保障。

网络内容和网络服务供应链主要包括内容来源者、传输设备以及用户,如图 6-2 所示。网络服务的供应链主要包括八个环节,内容环节主要是内容来源者,内容来源者在网络条件下越来越复杂化,包括各类主体:政府、企业、非营利组织和个体,这些组织和个人不仅仅是国内主体,还包括全球各种主体和个体,形成的网络内容是海量信息和数据。网络内容传输主体越来越多样化,包括计算机、平板和通信设备等,以后还会发展到可穿戴设备,同时搜索引擎等功能强化了信息收集功能。网络传输方式越来越多样化,包括有线、无线和互联网。因此,网络服务的供应链形成了无孔不入的内容传输渠道。

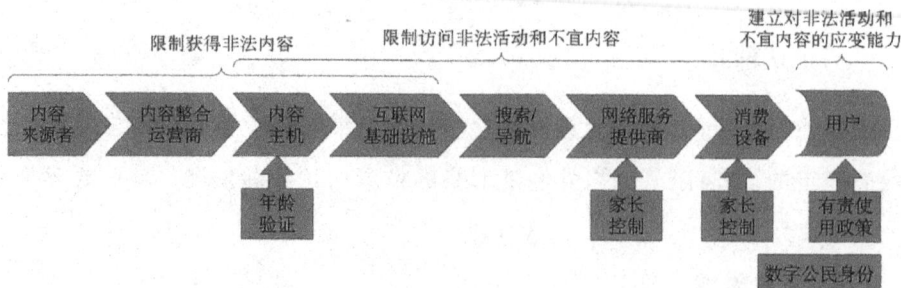

图 6-2 网络内容及网络服务的供应链

由于内容传输主体发生了根本性变化,必然存在网络风险。网络风险主要包括三个方面：一是网络内容；二是网络安全；三是网络行为。在应对措施方面主要包括降低可获得性、限制访问和建立应变机制。

网络安全的治理框架、机制和监管措施主要包括七个方面：①定义网络安全的治理框架。②定义一个适当的机制（通常是一个公私合作伙伴关系），允许所有相关公共和私人利益相关者讨论并商定不同的政策和监管网络的安全问题。③概述和定义必要的政策和监管措施，并明确角色定义，以及私营和公共部门的权力和责任。④要设置目标和手段来发展本国的能力和必要的法律框架，以减少网络犯罪。例如，在荷兰，就强化网络犯罪的调查和起诉。法国也强调了这一点，并希望推广现行立法和国际司法合作。⑤识别关键信息基础设施（Clls），包括关键资产、服务和相互依赖关系。⑥为了保护关键信息基础设施，制定或完善保护措施、应对和修复计划。⑦定义一个国家的风险管理系统和综合方法。全面研究和发展项目，关注当前和未来系统和服务（如智能设备）的安全问题。

第七章

我国贸易模式的路径选择

第一节　跨境电商时代的贸易模式选择

一、跨境电商发展现状

跨境电子商务的发展经历了三个阶段。第一个阶段,网上展示、线下交易的外贸服务形式,跨境电子商务企业需要搭建一种网络销售的渠道,进行网络营销推广。中小外贸企业可以和大企业进行平等竞争,有利于降低企业的运营成本,进入国际市场。第二阶段,随着敦煌网的上线开始,企业不再将网络营销和网络渠道作为考虑的全部内容,而是开始借助电子商务平台整合资源,实现线下交易和支付等流程的电子化。跨境电子商务平台通过增值服务费等方式实现盈利。第三阶段,跨境电子商务表现出两个明显特征,一方面是移动化的趋势,另一方面是大外贸走上跨境电子商务平台。随着时代的发展,使用移动电商进行购物的人越来越多,使整个产业链的格局发生了变化,传统的外贸制造企业、供应商、服务商等都开始进入跨境电子商务的行列。

随着互联网的普及,全球电子商务发展势态良好。当前,美国是跨境电子商务的最大受益国,美国消费者通过跨境电子商务,进行购买交易的来源国主要是中国和英国。在亚洲国家中,跨境电子商务在整体电子商务中比例最高的是新加坡,其次是马来西亚。随着我国进入外贸新常态,由于劳动力成本、土地成本等不断上升、贸易摩擦频繁发生,冲击了我国的进出口贸易,传统贸易增速逐渐下缓。但我国跨境电子商务在进出口贸易总额中的比重不断上升,我国跨境电商发展状态依旧平稳快速。我国进口跨境电子商务市场以跨境网购为主，但是市场规模较小，需要进一步发展，境外产品的物美价廉也吸引了我国不少年轻的消费者。我国跨境电商经过多年发展，市场规模不断扩大，尤其是2010年后跨境电商呈爆发式增长。2015年，我国跨境电商交易总额为4.4万亿元，同比增长约28.6%，并且跨境电商交易规模占整体货物进出口比重也处于持续上升趋势，截至2015年，该比重接近20%。2016年，跨境电商交易规模6.7万亿元，2017年为8.06万亿元，2018年达到9.7万亿元。2018年，我国外贸进出口总值超过30万亿元，再创历史新高。跨境电商受到国内政策的鼓励，发展迅速，逐渐抢占传统贸易份额，促进我国对外贸易的发展。

二、跨境电商发展存在的问题

(一)安全机制不够健全

2018年上半年，我国网购用户已经达到5.68亿人，是拥有全球最多网购用户的国家。但同时，网络诈骗层出不穷，平均每年损失大约150亿元。我国在线消费者有上亿人次遇到过网络诈骗。在跨境电子商务发展中，良好的网络环境是重要的影响因素。首先，与传统贸易不同，快递公司或者邮政公司是跨境电子商务出口的货物报关主体，一旦出现问题，将严重影响跨境贸易往来。其次，行业监管有限，影响支付企业的发展。我国跨境电子商务的支付结算程序比较烦琐，消费者往往需要支付更多费用。目前，跨境支付手续费用昂贵，还不能达到便捷性要求。支付的效率、便捷性、安全性以及手续费用等，是影响跨境支付的主要因素。消费者最关心的安全性问题不能得到有效的保障，将影响消费者对跨境电子商务平台的信任。我国网民消费者大部分采用第三方支付平台进行跨境汇款或者转账操作，我国第三方支付平台与国外相比，还需要进一步扩大影响力，国内第三方支付平台需要进一步提升服务和技术以保障支付安全。

(二)跨境物流发展滞后

物流是电子商务的关键环节，在电子商务的发展中占有重要地位。在跨境电子商务活动中，消费者的消费体验与物流效率和成本密切相关。跨境电子商务的主要交易对象是小件物品。随着市场需求的增多,快递量不断增加。物流行业面临的一大挑战,就是是否能够满足巨大的市场需求。跨境电子商务对物流有极强的依赖性,物流的信息决定着跨境电子商务资金流的控制。我国快递业务从 2008 年开始,呈现快速增长势头,这与电子商务的发展有密切关系。我国快递业业务量逐年增长,到 2015 年年底突破 200 亿件,但是重点业务是在国内,跨境物流方面明显滞后,不能满足跨境电子商务的需求。

(三)跨境电商管理不规范

我国跨境电商虽然发展时间不长,但是发展速度快,相关的管理和法律法规等还不完善,不能适应跨境电商快速发展的需求。跨境电子商务涉及范围广,不可避免地存在一些制度和法律纠纷问题,但目前我国相关法律的制定速度远远滞后于跨境电子商务的发展。当前的国际贸易法律体系,与跨境电子商务发展需求仍不适应。电商平台交易中,产品的质量问题比较突出。同时产权问题、商品的监督和维权问题,是跨境电子商务法律问题中最主要的问题。由于法律规则、地域条件等因素的影响,在跨境电子商务交易中,消费者维权的难度将会比较大。不同国家的知识产权标准体系、法律环境体系等都有差异,没有统一的可以界定交易中知识产权和质量问题的标准,不利于跨境电商的发展和转型。

三、跨境电商时代的贸易模式选择

(一)围绕对外贸易模式转型制定行业发展战略规划

跨境电商在我国对外贸易模式转型中发挥着重要的作用,国家要围绕对外贸易模式转型,为跨境电商行业制定科学的发展战略规划。

1. 制定能够引导行业发展的规划

例如,鼓励有实力的企业开展跨境电商交易。鼓励国内企业通过跨境电子商务,发展对外贸易,加强与国外企业的合作,促进我国对外贸易发展和转型升级。推进贸易全程在线交易,通过配送网店、体验店等模式,进入境外市场,扩大商品交易范围。同时要注重优化海关服务,完善分类通关管理和口岸监管。跨境电子商务平台物流、支付等系统应与电子口岸结汇联网,构建交易主体和报关服务的关联体系。完善监管体系,提高我国对外贸易的服务水平。鼓励打造有国际竞争力的品牌,对不同规模、不同行业的企业实行不同的扶持政策。

2. 战略规划要体现规范发展的要求

制定行业规范,成立行业协会,促进市场秩序的规范。构建相关的市场监督体系,防止价格竞争、无序竞争。

3. 要充分发挥高校的作用

积极培养高素质的复合型人才,满足跨境电子商务发展的需求,高校要有针对性地制订人才培养计划,合理设置有关跨境电子商务的课程,重视实践课程,并且要积极培养相关的专业技术人员,提高跨境电子商务的技术和安全性。跨境电子商务企业内部要加强专业人员的培训,提高工作人员的技能,同时要积极开展同高校的合作,为高校搭建有效的教育平台,提高学生的实践能力。相关企业也可以引进国外的有经验的高素质人才,吸收国外的成功经验。

(二)推动跨境电商标准化建设

我国对外贸易集中于发达国家,存在一定的风险隐患,尤其从 2008 年金融危机后的表现可以看出。在对外贸易模式的转型中,要积极改善区域发展不协调的问题。在跨境电商交易中,与周边国家的贸易有天然的优势,因此要充分发挥地缘优势,大力开发周边国家的市场。与周边国家距离较近,物流配送效率也将更高。在区域经济合作框架中,可以结合本土实际情况,在共性领域建立统一标准,推进跨境电商的标准化,降低区域交易成本。我国与日韩、东盟等国家经济交往密切,有一定相似的文化,并且有地缘优势,消费习惯也相对较近,有形成统一市场的基础,可以完善有关跨境电商的内容。

我国在跨境电商发展中处于有利的位置,可以充分发挥主导作用,降低市场风险。注意本土化和标准化相结合,对交易国家的文化、历史、习俗等有充分的了解。克服文化、国界等的限制,将本土化元素融入产品设计和营销等环节,在标准化的基础上进行本土化,使跨境电商适应不同市场环境、法律机制等。

(三)促进跨境电商产业链升级

我国跨境电商参与企业众多,有明显分散的特点,个体竞争过大,影响整体经济效益,不能充分推动产业结构的升级。跨境电商发展中要强化企业分工合作,促进产业链的升级。实力较强的跨境电商企业,可以兼并重组较弱的企业,增强企业的实力,优化资源配置,使其在产业链升级中掌握更多的话语权。比较活跃的跨境电商区域,可以充分发挥集聚效应,方便统一管理。建立跨境电商产业集聚区,共同构建标准化的信息流,方便税收、检验检疫、海关通关等工作,提高跨境电商的竞争力和影响力。

(四)完善跨境电商服务体系

跨境电子商务活动存在一定的法律风险。当前,缺乏完善的跨境电子商务法律规范,消费欺诈、售后维权等问题一直存在,消费者维权比较艰难。跨境电子商务有虚拟化、全球化的特点,存在一定的市场风险,因此完善相关的法律法规十分重要。由于跨境电商交易情况复杂,我国要充分考虑国际通用的法律体系,以及我国现有的法律体系,在相关法律法规的制定中实现原则上的统一。结合我国当前的实际情况,规范跨境电子商务交易行为,为跨境电子商务营造公平自由的交易环境,维护交易的安全性。物流是电子商务的重要支撑,跨境电子商务对物流提出了新的要求,因此应整合现有的各种物流体系,构建统一的物流信息平台,引导不同物流公司和物流方式合作,进一步完善跨境电子商务的物流体系,降低物流成本,提高物流效率,将新的物流模式与生产性服务业相结合。根据我国跨境电子商务发展状况,第三方支付机构要积极开展境外支付业务。支付机构要降低手续费用,提高业务水平和服务水平。注重完善监管机制,加强支付监测,及时规避风险,尤其是对于大额的在线交易、国内和国外的跨境支付合作,应积极推进人民币结算业务。建立信息化的支付结算管理平台,简化支付结算的操作流程。跨境电商要充分利用大数据技术,加强与客户的联系,提高服务水平。跨境电商有明显的大数据特点,适应和使用大数据,能够扩大发展空间,创新服务模式,促进服务业的转型升级,从根本上改变我国的对外贸易结构。

总之,跨境电商在我国对外贸易模式的转型中有重要的推动作用,跨境电商给我国对外贸易模式带来了新的变革,促进了我国对外贸易的增长。我国要充分认识到跨境电商的地位和作用,科学规划跨境电商行业的发展战略,推动标准化建设和产业链升级,完善相关配套措施和服务体系,促进我国跨境电商的发展,推动我国对外贸易模式的转型。

第二节　技术驱动、技术壁垒跨越与贸易模式升级

技术进步不会凭空产生。在世界经济中,少数发达国家仍将是创新的发源地,技术密集型的核心产业仍集中在发达国家,我国的技术进步和贸易增长可以以相应的要素结构和原有技术水平为基础,利用国际技术扩散和自主创新促进贸易增长,转变增长模式。应当明确,我国贸易增长模式调整的方向,不是片面追求数量型的增长,而是在于利用国际资源和国际市场提升中国的产业结构,改变目前产业结构较低的现状。

一、利用后发优势,对国外技术引进、模仿与吸收

一方面,我国可以通过自主创新来促进技术进步;另一方面,发挥后发优势,积极引进、模仿和吸收国外技术,对有限的资源在自主创新和技术模仿吸收之间进行合理配置,将自主创新和技术引进、模仿创新有机结合,共同促进技术进步,从而带动价值链的攀升和贸易结构的升级。

二、实施差异化的技术进步模式

国内各区域经济发展和技术水平的不平衡决定了各区域的技术水平、自主创新能力和研发资源差距较大,因此,各区域的技术进步模式也应有所区别。对于发展不平衡的各区域而言,完全依靠自主创新的技术进步模式显然是不现实的,而通过模仿、学习先进的技术,必然成为区域技术进步的重要来源。因此,在技术水平较高的区域,鼓励率先创新,有选择地对部分基础研究和重大技术攻关加以组织和扶持。建立关键产业的自主创新体系和机制,依靠创新发展壮大该区域贸易经济的发展。而在技术水平不高和较差的地区,鼓励以模仿创新和技术引进为主的技术进步模式,根据本区域的需求,引进技术消化吸收并通过"逆向工程"再创新。

例如,东部沿海地区资本要素的积累已经具有相当的基础,再加上外商投资大量流入该地区,从而大大降低资本要素的稀缺程度;同时,该区域的基础教育、高等教育和技术开发能力都较强,加上中西部地区的人才流入以及在对外开放中"干中学"和"技术溢出"效应,东部地区在技术水平上大大提升,与发达

国家及新兴工业化国家的比较劣势正趋于弱化。这样,东部地区发挥其资本、技术优势,主要专业化于高品质产品的生产和出口,而中西部地区则可以发挥劳动力的比较优势,主要专业化于低品质产品的生产与出口;东部地区专业化于研发等价值链的高端环节,中西部地区则主要专业化于劳动力密集型的加工环节。通过不同区域的分工协作,东部沿海地区形成新的比较优势,实现贸易结构升级,中西部地区比较优势得到更充分的发挥。

三、培育我国新兴产业和战略产业的国际竞争力

为了尽快实现低消耗、高效益、高收入的出口增长模式,促进与发达国家之间水平差异产品之间的贸易,我国应加快发展高科技产业,使我国与技术水平落后于我国的一些发展中国家形成技术差异,这是提高我国对外贸易竞争力、减弱贸易摩擦的重要方面。

为了发展我国具有国际竞争优势的产业,国家要通过研究引进先进的技术和资金,有重点地培植一批高新技术产业,如目前比较切合我国市场需求的机械电子、石油化工、建筑业等资本密集型产业,以及代表未来发展方向的关键性产业,如电子信息、光纤、航空航天、生物工程等技术密集型产业。

政府通过研发补贴帮助高新技术产业获取技术优势和市场份额。我国高新产业面临发达国家和其他发展中国家强大的竞争压力,同时,国内又缺乏必要的风险资本市场的支持。因此,以研发补贴为主要战略扶持手段的政策显得尤为重要。政府研发补贴的介入可以加速企业研发的速度,迅速提高企业的生产规模,既能使企业适应差异化的市场需求,获得市场优势地位,又能形成对国外竞争对手加入市场的壁垒。

第三节　对外直接投资与贸易模式的拓展

改革开放 40 余年来,我国积极鼓励和吸引外商来华投资,这恰好与世界产业结构大调整的趋势相适应。发达国家的产业由资本密集型向知识、技术密集型升级。一些新兴工业国或地区正在实现由劳动密集型向资本、技术密集型产业的转换,迫切需要将已失去发展潜力的产业向海外转移。我国巨大的国内市场、廉价和丰裕的劳动力等比较优势,使其成为劳动密集型产业转移的理想地

点。外商投资的适用技术和适用产品,大大提高了我国国内加工工业水平,促进了加工工业的改组和升级,促使我国出口初级产品向制成品、附加值较高的出口产品转换。

然而,外商投资大量流向国内的加工行业,也是造成中国出口加工产品数量迅速增加,频繁遭遇反倾销的原因之一。目前,外商投资企业出口的大宗产品仍以劳动密集型加工产品为主。

外商投资企业是加工贸易的主体,在加工贸易中的比重从20世纪80年代末的21.3%持续上升到2001年的71.6%,到2005年其比重仍占54%,中国减小贸易摩擦和调整贸易模式,对外商投资的产业方向必须加以考虑。

在新经济时代背景下,我国对于外商投资的指导方向,应考虑和国家的外贸发展战略和产业发展方向相一致,才有助于削弱贸易摩擦,有利于我国贸易模式的转变。具体如下。

引导外商增加对技术密集型产业的投资,相应地减少对一般加工工业的投资。加快技术密集型产业以及高新技术产业的发展,相应地控制一般加工工业的投资规模和增长速度,因此,我国应进一步重视吸引大型跨国公司的直接投资,引导外资更多地进入技术密集型产业和高新技术产业,同时减少对一般加工工业的投资比重。

引导外资投向主导产业和支柱产业。从我国的情况看,汽车、石油化工、机电等产业已成为国民经济的支柱产业,由于诸多原因,和国际跨国公司相比,我国这些产业普遍存在投资分散、规模较小、技术和管理水平较低、产品竞争力差等问题。因此,可以利用外资,引进高新技术,在较短时间内振兴支柱产业。

引导、鼓励外商加大对第三产业和中西部的投资,并引入竞争机制,促进第三产业发展,同时优化第三产业的内部结构。其中,服务业是我国经济发展中基础最为薄弱、最缺乏国际竞争力的领域之一。因此,通过鼓励外商向服务业投资,不仅是适应经济全球化发展和兑现入世承诺的需要,也是我国实现产业结构调整目标、改善服务质量和环境、提高经济整体实力的必要举措。另外,多数服务业属于劳动密集型行业,扩大这些行业规模,有利于提供更多的劳动力就业机会,并充分发挥我国劳动力方面的比较优势。为了缩小贸易发展地区的差距,必须引导外资向中西部地区投资,并给予政策倾斜。

综上所述,现阶段我国贸易模式的整理,发生在我国生产力水平不断提高和越来越深刻地与世界经济融合的情况下，即开放经济的背景下。因此，内外因素的统筹是我国贸易模式调整的决定因素和前提。既要考虑国内贸易和经济发展的要求，也应当顾及国际市场的需求和合理要求，使我国的贸易能够在内外和谐的路径上较快增长。对此，国际社会也十分关注，笔者在此引用法国经济记者埃里克·伊兹拉莱维奇在《当中国改变世界》中的一段话，作为本研究的注解。他写道，"20世纪，闯进世界经济瓷器店的只是几只老鼠（日本、韩国等），它们不会造成多大的损失。而如今，则是一头可能造成惨重损失的大象进入了商店。为了给大象腾出地方，人们需要对瓷器店进行重新改造。如果大象不希望商店的大门对自己突然关闭，如果瓷器店的管理者想从这位新客户那里得到最大的利益，那么他们双方就应当携手合作，共同引导中国融入世界经济的潮流，并掌握好这个过程的节奏"。作者是从中国之外的角度看待中国的崛起，因中国人口多、经济体量大、发展速度快令世界感到不可思议，有欢迎、有恐惧，更有敌对等复杂态度，而我们在迅速发展过程中，怎样实现内外平衡发展，统筹多种要素和力量，克服现有摩擦和矛盾，形成可持续发展格局，则是我国长期发展的课题。

参 考 文 献

[1]陈四清.贸易金融[M].北京:中信出版社,2014.

[2]蔡晓月.国际贸易实务的新发展:数字贸易与贸易金融[M].上海:复旦大学
出版社,2021.

[3]毕鹏,周子元.国际商务[M].哈尔滨:哈尔滨工程大学出版社,2015.

[4]查尔斯·希尔.国际商务(第9版)[M].北京:中国人民大学出版社,2014.

[5]林新奇.国际人力资源管理[M].上海:复旦大学出版社,2017.

[6]刘光明.新商业伦理学[M].北京:经济管理出版社,2008.

[7]陆雄文.管理学大辞典[M].上海:上海辞书出版社,2013.

[8]戴维·赫尔德,安东尼·麦克格鲁.治理全球化:权力、权威与全球治理
[M].北京:社会科学文献出版社,2004.

[9]靳玉英.自由主义的旗手[M].保定:河北大学出版社,2001.

[10]科依勒·贝格威尔,罗伯特·思泰格尔.世界贸易体系经济学[M].雷达,
詹宏毅译.北京:中国人民大学出版社,2005.

[11]郭鹏.国际数字贸易自由化的若干法律问题研究[M].广州:暨南大学出版
社,2021.

[12]陈泰峰.中美贸易摩擦[M].北京:社会科学文献出版社,2006.

[13]程大中.中国服务业的增长、技术进步与国际竞争力[M].北京:经济管理
出版社,2006.

[14]大卫·格林纳韦.国际贸易前沿问题:第1版[M].冯雷译.北京:中国税务
出版社,2000.

[15]厉无畏,王振.转变经济增长方式研究[M].上海:学林出版社,2006.

[16]林毅夫.论经济发展战略[M].北京:北京大学出版社,2005.

[17]鲁丹萍.国际贸易壁垒战略研究[M].北京:人民出版社,2006.

[18]马晓野.外贸体制与国际贸易波动[M].北京:清华大学出版社,2004.

[19]迈克尔·波特.国家竞争优势[M].北京:华夏出版社,2002.

[20]莫世健.贸易保障措施研究[M].北京:北京大学出版社,2005.

[21]尹翔硕.中国外贸结构调整的实证分析[M].太原:山西经济出版社,2003.

[22]张培刚.发展经济学教程[M].北京:经济科学出版社,2001.

[23]赵瑾.全球化与贸易摩擦[M].北京:商务印书馆,2002.

[24]哲儒.产业升级——开放条件下中国的政策选择[M].北京:中国经济出版社,2006.

[25]王晓华.开放经济下我国贸易增长模式研究[M].北京:中国水利水电出版社,2017.

[26]国际贸易投资新规则与自贸试验区建设团队.全球数字贸易促进指数报告[M].上海:立信会计出版社,2019.

[27]中国信息通信研究院互联网法律研究中心.数字贸易的国际规则[M].北京:法律出版社,2019.